Krieg

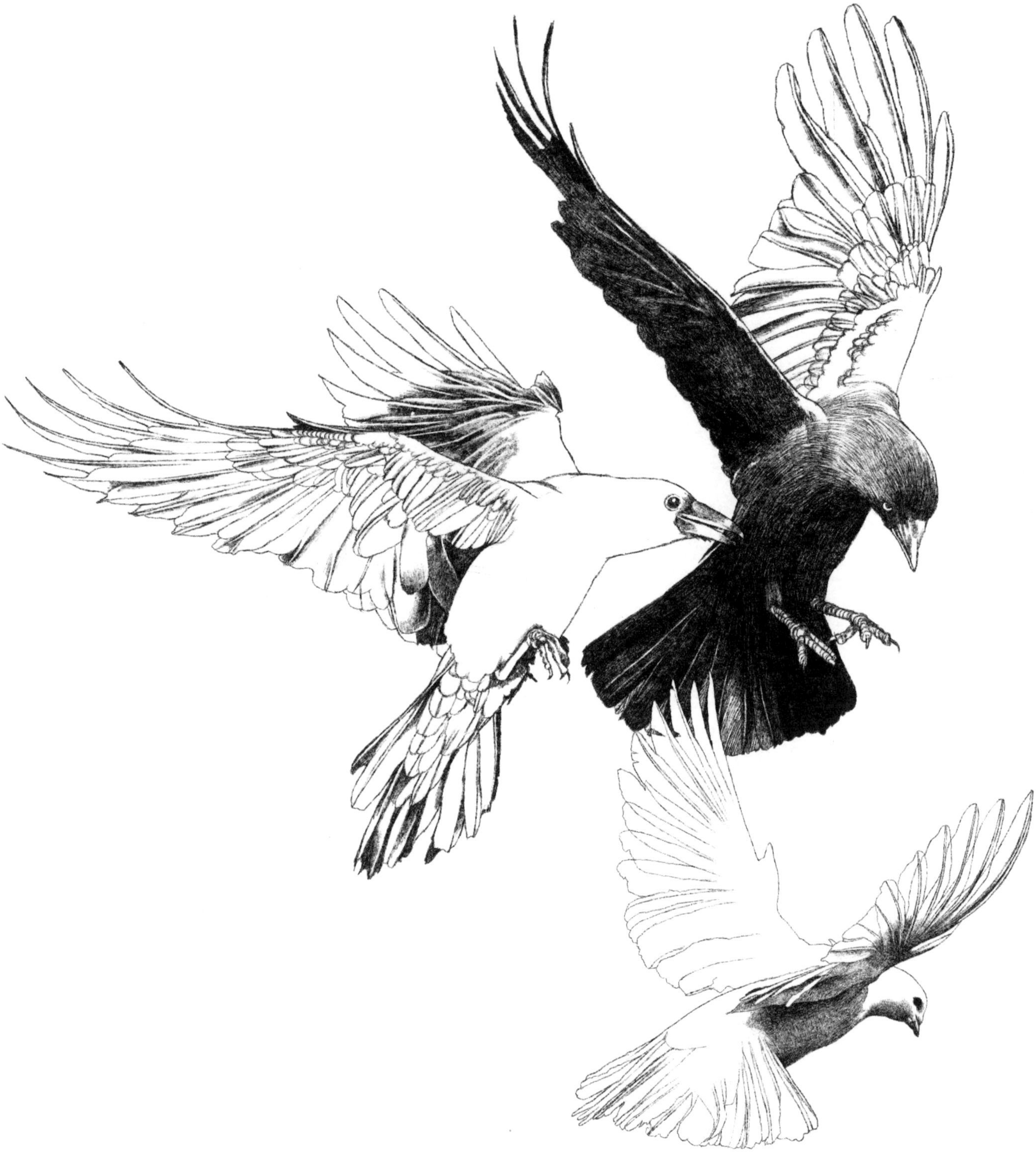

KRIEG

Herausgegeben von Martin W. Ramb
und Holger Zaborowski. Mit Illustrationen von
Drushba Pankow — Alexandra Kardinar und
Volker Schlecht

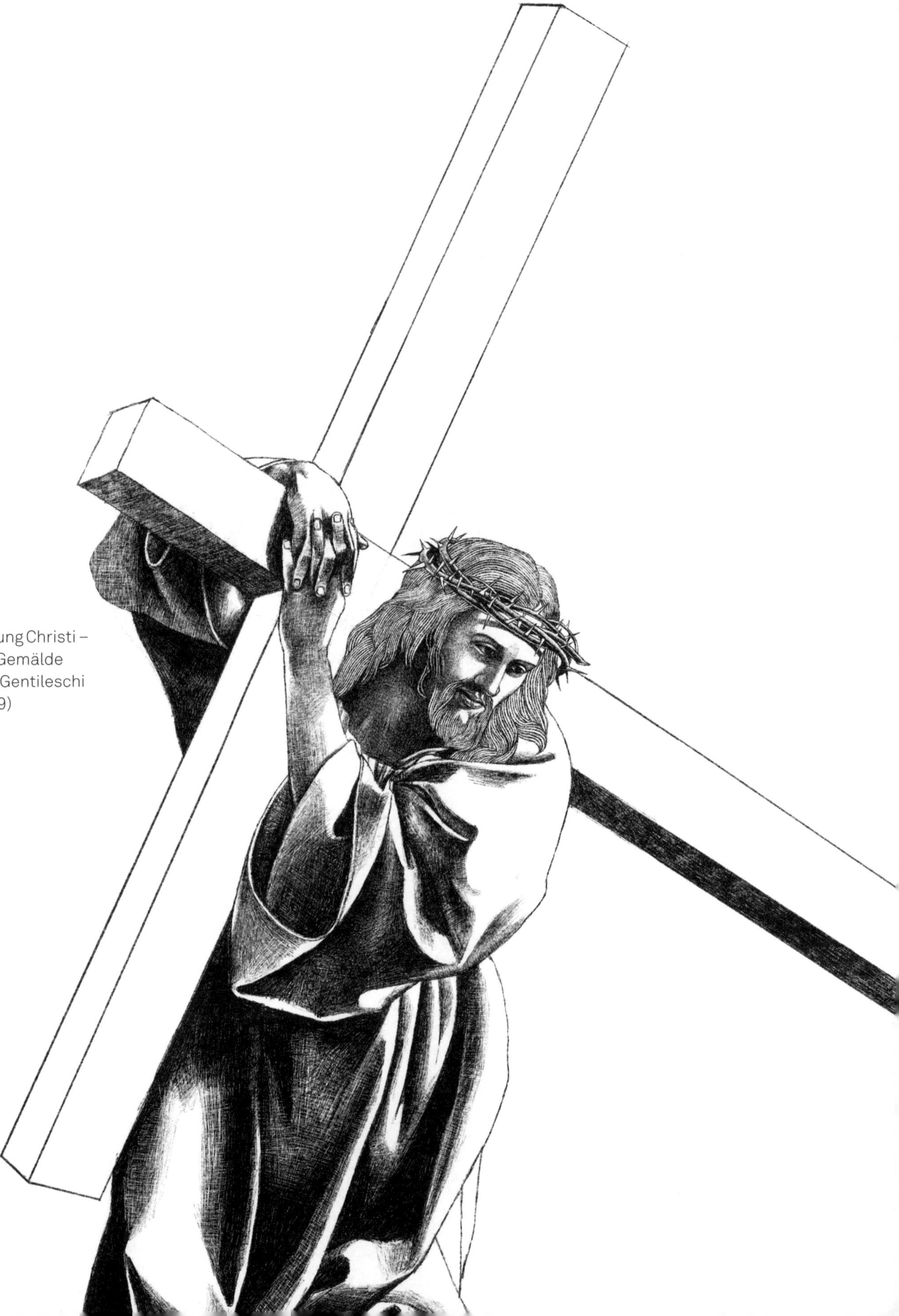

4

Kreuztragung Christi –
nach dem Gemälde
von Orazio Gentileschi
(1563–1639)

Geleitwort von Bischof Dr. Ulrich Neymeyr

Das Leitwort des 103. Deutschen Katholikentags, der vom 29. Mai bis zum 2. Juni 2024 in Erfurt stattfindet, lautet: *»Zukunft hat der Mensch des Friedens«*. Dieser Satz aus Psalm 37 provoziert die Frage, ob das wirklich so ist. Hat wirklich der Mensch des Friedens Zukunft und nicht derjenige, der radikal nur seine eigenen Interessen verfolgt und sogar bereit ist, sie mit Gewalt durchzusetzen? Hingegen gibt es Menschen des Friedens, die erschossen wurden, wie Mahatma Gandhi, Martin Luther King oder Olof Palme. Für uns Christen ist das Wort Jesu aus der Bergpredigt wichtig: *»Selig sind, die Frieden stiften, denn sie werden Kinder Gottes heißen.«* (Matthäus 5,9). Gott steht auf der Seite der Friedensstifter, die an einer Welt der Gerechtigkeit und des Friedens mitbauen.

Dem Thema »Krieg und Frieden« kann man sich auch mit den Mitteln der Kunst nähern. Die Grafiker Alexandra Kardinar und Volker Schlecht – bestens ausgewiesen u. a. durch ihre Arbeiten für DIE ZEIT, die Büchergilde Gutenberg oder auch durch ihre Graphic Documentary über den seligen P. Richard Henkes – haben sich in kraftvollen Arbeiten mit der gegenwärtigen Kriegssituation auseinandergesetzt und so ein Zeugnis für den Frieden geschaffen.

Dieser Band zeigt ihre Arbeiten und bietet berührende Reflexionen über ihre grafischen Annäherungen an den Schrecken des Krieges und die Hoffnung auf Frieden. Ich wünsche diesem Band viele Betrachterinnen und Betrachter und hoffe, dass diese zarte künstlerische Pflanze der Hoffnung Zukunft eröffnet.

Dr. Ulrich Neymeyr, geboren 1957,
ist seit 2014 Bischof von Erfurt.

Geleitwort von Dr. Irme Stetter-Karp

Diese Illustrationen von Drushba Pankow kann man nicht überblättern. Sie ziehen einen unwillkürlich in ihren Bann, zwingen zum Innehalten und Nachdenken. Die Graphiken halten uns den Spiegel vor, den Generationen der unter 80-jährigen, die Krieg nicht selbst erleben mussten.

In welcher Welt leben wir? Die Spirale der Gewalt dreht sich schneller und schneller. Der Balkankrieg verdrängt, der Syrienkrieg weit weg. Führt in Mitteleuropa erst der zweite Jahrestag des Ukrainekrieges und der Krieg zwischen Israel und der Hamas vor Augen, wo die Menschheit im zweiten Jahrzehnt des 21. Jahrhunderts steht? Ist es so: Nichts gelernt? Der Sog der kriegerischen Gewalt scheint übermächtig. Dabei müssen wir blind sein, wenn wir übersehen, wohin der Teufelskreis der Gewalt führt. Er führt in den millionenfachen Tod und die Zerstörung. Er führt in Feindbilder, Massenvergewaltigungen, zerstörte Seelen, Leid und Trauer, Folter, Traumatisierung über Generationen. Christen, Juden und Muslime – nein, alle Menschen guten Willens! – sind gefragt, dem Sog zu widerstehen

und den innersten Zusammenhang zwischen Frieden und Gerechtigkeit verstehen zu lernen. Dabei wird immer deutlicher, dass auch die Fragen eines nachhaltigen Lebensstils in Nord und Süd eine alles entscheidende Perspektive bilden. Als Christinnen und Christen sind wir berufen, in den Spuren dessen zu gehen, der in der Bergpredigt keinen Zweifel ließ, wo er steht: *»Selig, die Frieden stiften, denn sie werden Kinder Gottes genannt werden.«*

Die Illustrationen von Alexandra Kardinar und Volker Schlecht und die dazugehörigen Essays der namhaften Autorinnen und Autoren kommen genau zur rechten Zeit. Diese Frage halten sie wach: Welche Hoffnung bleibt, wenn wir das *»Nie wieder«* nicht als Mahnung verstehen an uns persönlich, im eigenen Gemeinwesen, im Umgang mit Fremden, zwischen den Völkern?

Dr. Irme Stetter-Karp, geboren 1956, ist seit 2021 die Präsidentin des Zentralkomitees der deutschen Katholiken.

Einführung der Herausgeber Martin W. Ramb und Holger Zaborowski

Krieg ist immer auch ein visuelles Spektakel. Bilder des Krieges informieren, unterhalten, manipulieren und überwältigen uns zugleich. Sie sind daher zumeist nicht neutral oder unschuldig, sondern Teil der kriegerischen Auseinandersetzung. Wo Propaganda anfängt und wo sie aufhört, lässt sich im Krieg nur schwer bestimmen. Das Grafikkollektiv Drushba Pankow entgeht diesem Dilemma mit den Mitteln der künstlerischen Verfremdung. Nicht in Form einer Überwältigung, sondern durch das Aufdecken visueller Muster, die unseren Umgang mit Gewalt und Herrschaft kulturell prägen, bringen sie den Krieg ins Bild.

Erschreckend ist dabei, wie tief die visuelle Metaphorik des Krieges unsere Kulturgeschichte prägt. Wie ein blutiger Faden wird eine ikonographische Spur von der Antike bis hin zu den »Brüderkriegen« der Gegenwart mit den Mitteln der Grafik ins Bild gebracht. Die Ursünde der Gewalt zieht sich seit dem Mord Kains an seinem Bruder Abel durch die gesamte Menschheitsgeschichte. *»Kain, wo ist dein Bruder Abel?«* ist die Frage Gottes, die er uns bis heute immer wieder stellt.

Dieser Band zeigt die kraftvollen Arbeiten von Drushba Pankow, die ursprünglich für das Kultur- und Bildungsmagazin EULENFISCH erstellt wurden. Essays prominenter Autorinnen und Autoren nähern sich denkerisch den Grafiken. Bild und Wort laden zusammen ein, über die Geschichte von Gewalt und Krieg nachzudenken. Die Kunst, so zeigt sich, kann in einer Welt des Krieges die Hoffnung auf Frieden eröffnen. Die Illustrationen wurden mit dem internationalen Designpreis »Indigo Design Award« in Gold und dem European Design Preis in Bronze ausgezeichnet sowie in *American Illustration* 43, das renommierte Jahrbuch für Illustration, aufgenommen.

Wir danken sehr herzlich Alexandra Kardinar und Volker Schlecht für ihre Illustrationen, für die Gestaltung dieses Buches und für die äußerst angenehme Zusammenarbeit auf dem Weg zum veröffentlichten Buch. Ein herzlicher Dank gilt auch dem Bistum Limburg und der Universität Erfurt für ihre Unterstützung, P. Dr. Cyrill Schäfer OSB von EOS – Editions Sankt Ottilien für die verlegerische Wegbegleitung, Bischof Dr. Ulrich Neymeyr und Dr. Irme Stetter-Karp für ihre Geleitworte und den Autorinnen und Autoren für ihre Essays.

Wohlwollen und Versöhnung

Holger Zaborowski, Erfurt

Vom Frieden sprechen – im Schatten des Krieges

1. Vor der »Zeitenwende«: Angesichts des Krieges leben

Der Zweite Weltkrieg verweist auf eine Schuld, mit der wir – die Deutschen – uns auseinandersetzen müssen. Auch heute – fast 80 Jahre nach seinem Ende – stellt sich uns diese Aufgabe. Die Gegenwart steht – allen populistischen Versuchen einer Uminterpretation der deutschen Vergangenheit oder der gebotenen Erinnerung an sie zum Trotz – immer noch im Schatten des Zweiten (und auch des Ersten) Weltkrieges. Das zeigt sich in aktuellen Diskussionen über Waffenlieferungen an die Ukraine, über die Ausstattung, Finanzierung und Rolle der Bundeswehr und prinzipiell über die Bedeutung Deutschlands in einer Welt, die sich mit neuen politischen und militärischen Herausforderungen auseinanderzusetzen hat.

»Nie wieder Krieg!« – unter diesen Worten wuchsen die Nachkriegsgenerationen auf. Sie wurden groß unter den Fotos von Verwandten, die sie nie kennenlernen konnten, die jedoch in den Erzählungen der Eltern oder Großeltern oder sogar, ohne dass von ihnen ausdrücklich erzählt wurde, eine unheimliche Präsenz zeigten. Der noch so kindliche, unschuldige, weltbegierige und doch so scheue Blick des jüngeren Bruders der Großmutter, des Großonkels, der ein Unbekannter blieb, war wie ein stummes Zeugnis, ein Ruf gegen das Vergessen, ein Auftrag für die Zukunft. Es gibt Kriegskinder und Kriegsenkel, deren Leben, auch wenn sie nachgeboren sind, auch wenn sie das, was ihre Vorfahren erlebten, nicht selbst erfahren mussten, noch von Kriegserfahrungen beeinflusst ist.

»Nie wieder!« Erwachsen wurden diese Generationen vor allem aber angesichts des Abgrundes der Schuld nicht allein am Krieg, sondern auch an der Shoah, der Vernichtung unzähliger Menschen, einer Schuld, für die bis heute die angemessenen Worte fehlen, die sich auch ein, zwei Generationen nach den historischen Ereignissen nicht abwälzen lässt und die sich – so viel wissen wir heute – nicht verdrängen lässt und die auch gar nicht verdrängt oder vergessen werden darf. *»Nie wieder!«* Geschichte, die bleibende Gegenwart ist, Mahnung und Aufgabe in einem. Geschichte, die der Erinnerung und des Gedenkens bedarf. Und der Hoffnung, dass Frieden möglich ist, ja, dass man für den Frieden kämpfen muss.

Europa – als Projekt, als Vision, als Utopie – ist ein konkretes Zeichen einer solchen Hoffnung. Man darf, auch wenn sich immer wieder Probleme bei der europäischen Integration zeigen und vieles, alte Gewissheiten und Überzeugungen, ins Wanken geraten ist, die Leistungen Europas, nicht allein der Europäischen Union, nicht kleinreden – gerade auch in Anbetracht der deutschen Schuld. Versöhnung unter ehemaligen Feinden – trotz aller bleibenden oder regelmäßig aufkommenden Spannungen. Wohlwollen, wo alles einmal unter Verdacht gestellt werden musste. Freundschaft, wo Hass regierte. Annäherungen, wo Distanz waltete. Verstehen, wo Unverständnis herrschte. Versöhnung trotz des Unverzeihlichen. Recht, wo die Sprache der Gewalt ihre Befehle diktierte. Wir – in Europa, in der Mitte, im Herzen Europas – haben, rückblickend, sehr viel Glück gehabt. Ja, es gab – und gibt – eine europäische Nachkriegsordnung, für die es dankbar zu sein gilt.

Doch darf man angesichts dessen, was erreicht wurde, in Anbetracht der friedlichen Jahrzehnte seit 1945 in West- und Teilen Mitteleuropas nicht zu idealistisch werden. Es gab auch nach 1945 Kriege und kriegerische Gewalt in Europa und unter Beteiligung europäischer Länder außerhalb Europas. Und es gab mitten in Europa den Krieg, der erkaltet war. Die Waffen standen still und schwiegen – aber nur auf Zeit, unter Vorbehalt, bis auf Weiteres. In vielen Situationen – nicht nur während der Kuba-Krise – hätte der kalte zu einem warmen Krieg werden können. Auch wenn man abrüstete, so nie derart radikal, dass es keinen Krieg mehr hätte geben können. Der Frieden vor der Zeitenwende war zutiefst brüchig, immer gefährdet, nur partiell, eher die Abwesenheit von kriegerischen Auseinandersetzungen als ein wirklicher Frieden, der mehr und anderes ist als das Schweigen von Waffen – so wichtig dieses Schweigen ist, als ein erster Schritt, als Fundament, auf dem man ein Haus des Friedens bauen kann.

10

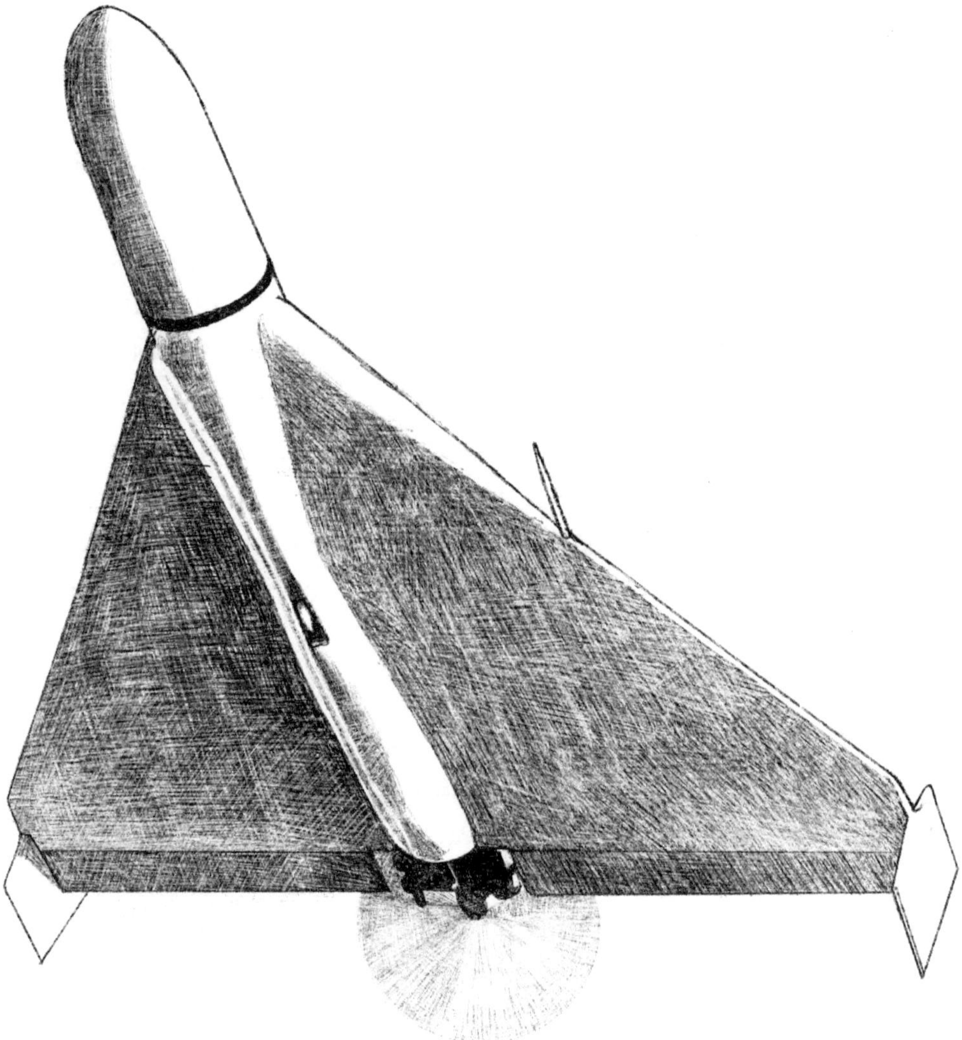

Iranische Drohne
HESA Shahed 131,
bei den russischen
Streitkräften
bezeichnet als
Geran-1

2. Nach der »Zeitenwende«: Über Frieden nachdenken

Nun befinden wir uns nach der »Zeitenwende«. Deutschland steht nicht im Krieg. Und doch ist uns ein Krieg nahegerückt, von dem man lange gedacht hat, dass es ihn – einen solchen fast altertümlichen, aus der Zeit gefallenen Krieg, eine solche Gewalt, eine solche Hinterhältigkeit – nicht mehr geben würde. Dieser Krieg in unmittelbarer Nähe betrifft uns – politisch, gesellschaftlich, aber auch emotional. Doch zugleich ist uns – Zeitenwende hin oder her – der Krieg immer noch sehr fern. Was hat sich seitdem verändert? Ist an die Stelle des anfänglichen Entsetzens über den russischen Angriff auf die Ukraine nicht mittlerweile Gewöhnung und Gleichgültigkeit getreten? Lesen viele, die zu Beginn des Krieges noch begierig jede Nachricht verfolgten, mittlerweile nicht nur noch Überschriften? Hat sich, wer anfänglich auf ein schnelles Kriegsende zu hoffen wagte, nicht schon auf einen langen Kriegsverlauf eingestellt? Ist der Krieg in vielgestaltigen Krisenzeiten nicht zu einer neuen Normalsituation geworden? Weil man zwangsläufig abstumpft? Weil uns die Menschen in der Ukraine doch nicht so nahe sind, wie es zunächst erschienen ist? Weil es so viele andere Krisen und Herausforderungen gibt, die wir meistern müssen oder müssten, ohne recht zu wissen, wie uns das gelingen kann? Weil wir überhaupt so wenig tun können und unsere Kräfte beschränkt sind? Und doch ist er Wirklichkeit – dieser Krieg in Europa. Und wird es vermutlich noch länger sein, als uns lieb ist – und als wir ihn von unserem Alltag fernhalten und verdrängen können.

Kriege hat es immer gegeben. Wäre es nicht vermessen zu hoffen, dass es sie nicht mehr geben werde? War der Pazifismus, den man sich in den letzten Jahrzehnten erlaubt hatte, nicht eine fromme Illusion, ein Wunsch, der realpolitisch immer wieder scheitern musste? Vielleicht ist das – neben der Verdrängung des Krieges – auch ein Grund dafür, dass es keine nennenswerte Friedensbewegung(en) mehr gibt. Kaum Demonstrationen für den Frieden. Ohne Frage: Für den Frieden zu demonstrieren fällt in der gegenwärtigen Situation schwer. Früher hat für den Frieden demonstriert, wer gegen einen Krieg war. Das eine bedingte das andere. Frieden schaffen ohne Waffen. Die Lager konnte man deutlich unterscheiden. Heute haben sich die Verhältnisse verschobenen. Man kann – und sollte – immer noch gegen Kriege und für Frieden sein. Aber viele, die eigentlich immer für Frieden eingetreten sind, fordern heute die Fortsetzung des Kriegs – und das heißt: die militärische Unterstützung der Ukraine – und müssen sie um des langfristigen Friedens willen fordern. Daher reden laut vom Frieden nicht selten nur noch jene, die die Wirklichkeit des Krieges nicht ernst zu nehmen scheinen. Die meinen, man müsse nur mit Putin noch einmal sprechen, um den Krieg zu beenden. Die glauben, die Ukraine müsse endlich Zugeständnisse machen und sich dem Willen des russischen Imperators beugen. Oder die gar denken, der wahre Kriegsgrund liege im Westen. Wladimir Putin hat jedoch Tatsachen gesetzt, auf die sich nicht nur mit Friedensrufen antworten lässt. Das wäre ungerecht. Es befreit die Ukraine nicht von ihrem gewalttätigen Aggressor. Und es verhindert nicht die Gefahr, dass auch andere Länder von Russland überfallen werden. Die Ukraine muss sich verteidigen und hat jedes Recht dazu. Der Krieg erscheint um des Friedens willen unausweichlich.

Und wir – in Deutschland, in der Europäischen Union? Wir helfen von außen, vom Rande her so gut wir können, ohne dass wir uns direkt in das Kriegsgeschehen einbeziehen lassen wollen. Kriegspartei sind wir nicht. Dürfen wir nicht sein. Drohend steht die Gefahr eines Dritten Weltkriegs oder eines Einsatzes nuklearer Waffen am Horizont. Politik ist zu einer schmalen Gratwanderung geworden. Ein einziger Schritt in die falsche Richtung, ein falsches Wort, eine missverständliche Handlung könnte ins Verderben führen. Allerorten lauert der Abgrund. Wir müssen daher wieder über den Krieg nachdenken: über den gerechten Krieg und seine Kriterien. Dazu führt nicht allein die Aggression Russlands gegenüber der Ukraine, sondern auch die Gefahr anderer Kriege – von den neuen Möglichkeiten digitaler Kriegsführung ganz zu schweigen. Doch ist es nicht gerade dieser Abgrund, der auch dazu führen müsste, neu über Frieden nachzudenken und auch für ihn zu demonstrieren? Dürfen wir vom und über den Frieden schweigen? Wissen wir noch, was das sein könnte: ein Friede, der mehr ist als die Abwesenheit von Krieg? Kann man den Frieden jenen überlassen, die naiv oder blind sind, die Verschwörungstheorien anhängen, Opfer mit Tätern verwechseln oder komplexe Gemengelagen auf simplifizierte Schwarz-Weiß-Bilder reduzieren? Ist vom Frieden zu sprechen nicht eine Aufgabe, die sich allen stellt – umso mehr, je länger der Krieg andauert und je mehr Opfer er fordert? Müssten wir nicht gerade trotz der Unausweichlichkeit der Kriegssituation für den Frieden demonstrieren – allein um dem Auftrag der Geschichte treu zu bleiben? Zeugnis ablegen für eine Vision eines Zusammenlebens ohne

Gewalt? Wäre es nicht jetzt schon an der Zeit – auch mit Blick auf das, was derzeit in Israel geschieht, auf andere schwelende Konflikte und Gefahrenherde im Nahen und im Fernen Osten und anderswo auf der Welt – sich für den Frieden stark zu machen und über das, was Frieden ist und wo man ihn erreichen kann, nachzudenken?

3. Immanuel Kant: Der »ewige Friede« als Aufgabe

Dem Philosophen Immanuel Kant stand klar vor Augen, dass der *»Friedenszustand unter Menschen, die nebeneinander leben, [...] kein Naturzustand«*[1] ist. Umso wichtiger schien auch ihm, über den Frieden nachzudenken – in seiner bis heute wichtigen, gerade jetzt aktuellen Schrift *Zum ewigen Frieden*. In diesem Text dachte er aus politisch-philosophischer und völkerrechtlicher Sicht über die Bedingungen eines *»ewigen Friedens«* – über das Schweigen der Waffen hinaus – nach. Dabei war er nicht nur für seine Zeit radikal. So fordert er in den »Präliminarartikeln zum ewigen Frieden«, dass Friedensschlüsse nicht unter einem Vorbehalt stehen dürfen, der zu einem weiteren Krieg führt, dass kein souveräner Staat von einem anderen Staat erworben werden dürfe, dass stehende Heere abgeschafft werden sollen, dass Staaten mit Bezug auf *»äußeren Staatshandel«* keine Schulden machen sollen, dass sich kein Staat in die Verfassung und *»in die Regierung eines anderen Staates gewalttätig einmischen«* soll und dass kein Staat einen Krieg mit einem anderen Staat derart führen solle, dass danach kein Frieden mehr möglich sei. Dies sind bis heute wichtige Forderungen: Auch Staaten stehen in ihrem Verhältnis zueinander nicht in einem rechts- oder moralfreien Raum, sondern müssen sich in einer gewissen Weise zueinander verhalten. Sie müssen die Souveränität des anderen Staates achten, und selbst wenn es zu einem Krieg kommt, diesen in einer Weise führen, die auf einen möglichen – echten – Frieden hin orientiert ist. Man kann sehr genau zeigen, gegen welche Artikel der gegenwärtige Krieg Russlands gegen die Ukraine verstößt – und dadurch die Geltung dieser Überlegungen zu den elementaren Bedingungen des Friedens zeigen.

1 Immanuel Kant, Zum ewigen Frieden. Ein philosophischer Entwurf, in: ders., Werke in zehn Bänden, hrsg. von Wilhelm Weischedel, Band 9, Darmstadt 1983, 191–251, 203.

Die Präliminarartikel werden von Kant durch Definitivartikel, die auf langfristige politische Veränderungen hin zielen, ergänzt. In diesen legt er u. a. fest, dass die bürgerliche Verfassung in jedem Staat republikanisch sein soll, dass das Völkerrecht *»auf einen freien Föderalismus freier Staaten gegründet sein«* soll oder dass das *»Weltbürgerrecht [...] auf Bedingungen der allgemeinen Hospitabilität eingeschränkt werden soll«*[2], dass also ein fremder Mensch zwar kein Gast-, aber ein elementares Besuchsrecht in anderen Ländern habe. Kant, der Philosoph der Aufklärung, setzt sich für Menschenrechte, für ein Völkerrecht und einen Völkerbund ein, die allesamt eine zentrale Aufgabe für den Frieden haben. So nimmt er wichtige Errungenschaften der späteren (Welt-)Politik vorweg.

Kant weiß um die moralischen Grenzen des Menschen und seine Neigung zum Bösen. Allerdings gibt es gemäß seiner aufgeklärten Geschichtsphilosophie nicht nur die Möglichkeiten der Vernunft, die Schritte zum ewigen Frieden formulieren kann, sondern auch eine List der Natur. Diese führe dazu, dass die Menschheit, auch wenn sie dies nicht ausdrücklich wolle, sich dem Frieden immer weiter annähere. Die Gründe dafür findet er in zunehmend engen Wirtschaftsbeziehungen

– Kant spricht vom *»Handelsgeist, der mit dem Kriege nicht zusammen bestehen kann, und der früher oder später sich jedes Volks bemächtigt«*[3] – oder schlicht in den Kosten und den mangelnden Erfolgen von Kriegen. Er spricht von der *»großen Künstlerin Natur [...], aus deren mechanischem Laufe sichtbarlich Zweckmäßigkeit hervorleuchtet, durch die Zwietracht der Menschen Eintracht selbst wider ihren Willen emporkommen zu lassen [...].«*[4] Auch wenn der Mensch immer wieder an seinen hehren Idealen scheitere, garantiere die *»Natur, durch den Mechanismus in den menschlichen Neigungen selbst, den ewigen Frieden«*[5].

Diese hoffnungsvolle Sicht zeigt sich auch darin, dass Kant in einem zweiten Zusatz einen »geheimen Artikel zum ewigen Frieden« formuliert. Dieser lautet: *»Die Maximen der Philosophen über die Bedingungen der Möglichkeit des öffentlichen Friedens sollen von den zum Kriege gerüsteten Staaten zu Rate gezogen werden.«*[6] Kant weiß um die faktischen, bis heute erlebbaren Spannungen zwischen Ethik und Politik, geht aber theoretisch davon aus, dass das Denken der Philosophen und das gute und vernünftige Handeln der Politiker im transzendentalen, also nicht empirisch vorgefundenen, sondern mit der Vernunft erschlossenen Begriff des *»öffentlichen Rechts«* miteinander übereinstimmen.

Er schließt daher seine Schrift ausdrücklich voller Hoffnung: *»Wenn es Pflicht, wenn zugleich gegründete Hoffnung da ist, den Zustand eines öffentlichen Rechts, obgleich nur in einer ins Unendliche fortschreitenden Annäherung wirklich zu machen, so ist der* ***ewige Friede****, der auf die bisher fälschlich so genannten Friedensschlüsse (eigentlich Waffenstillstände) folgt, keine leere Idee, sondern eine Aufgabe, die, nach und nach aufgelöst, ihrem Ziele (weil die Zeiten, in denen gleiche Fortschritte geschehen, hoffentlich immer kürzer werden) beständig näher kommt.«*[7]

Kant veröffentlichte diesen Text 1795. Im Untertitel nannte er ihn einen »philosophischen Entwurf«. Das zeigt, dass Kant sich selbst des vorläufigen und skizzenhaften Charakters seiner Überlegungen bewusst gewesen ist. Rückblickend zeigt sich ein ambivalentes Bild. Manche Kriege mögen auch aufgrund von Kants Überlegungen verhindert worden sein. Man darf die Bedeutung seiner Überlegungen, die Staatenbünde wie die Europäische Union oder die Vereinten Nationen vorwegnehmen, nicht unterschätzen. Doch zugleich ist der Krieg Realität geblieben. Allerdings stellt das nicht die Überlegungen von Kant in Frage. Vielleicht hat er bei aller Hoffnung gar nicht mit einem sehr schnellen Fortschritt in Richtung Frieden gerechnet. Und wo wären wir ohne die Hoffnung, die er artikuliert? Muss man nicht gerade an seiner denkerischen Perspektive festhalten, um im Alltäglichen kleine Schritte zum Frieden hin gehen zu können? Man darf, so zeigt Kant, nicht an der Möglichkeit eines *»ewigen Friedens«* – und an der Möglichkeit der Vernunft und der *»List der Natur«* – verzweifeln. Man muss darüber nachdenken, welche Bedingungen erfüllt sein müssen, damit Frieden herrscht. Das ist heute – angesichts der Möglichkeiten, atomarer, biologischer, chemischer oder digitaler Kriegsführung – schwieriger als am Ende des 18. Jahrhunderts. Aber das bedeutet nicht, dass man auf diese Aufgabe der Vernunft verzichten darf.

2 Immanuel Kant, Zum ewigen Frieden. Ein philosophischer Entwurf, 203 ff.
3 Immanuel Kant, Zum ewigen Frieden. Ein philosophischer Entwurf, 226.
4 Immanuel Kant, Zum ewigen Frieden. Ein philosophischer Entwurf, 217.
5 Immanuel Kant, Zum ewigen Frieden. Ein philosophischer Entwurf, 226.
6 Immanuel Kant, Zum ewigen Frieden. Ein philosophischer Entwurf, 227.
7 Immanuel Kant, Zum ewigen Frieden. Ein philosophischer Entwurf, 251.

16

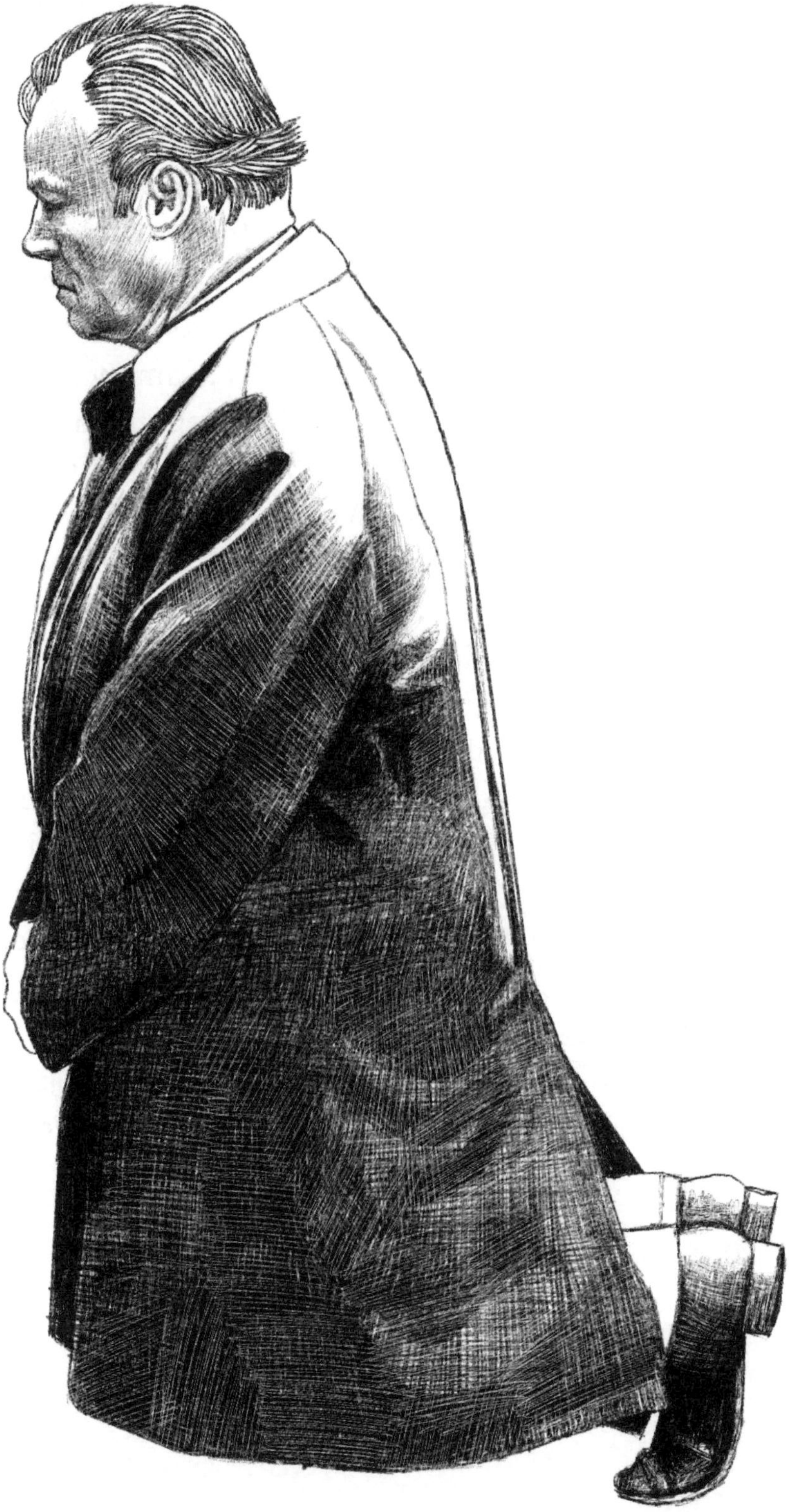

Bundeskanzler
Willy Brandt (1913–1992)
vor dem Ehrenmal für
die Helden des Warschauer
Ghettos, am 7. Dezember
1970 – nach dem Foto von
Sven Simon (1941–1980)

4. Vernunft und Emotion: Wohlwollen und Versöhnung als Schritte zum Frieden

Die Vernunft wird auch heute noch hochgeschätzt. Wie oft konnte man vor dem Februar 2022 lesen, dass Wladimir Putin ein vernünftiger Mensch sei und deshalb keinen Krieg beginnen werde? Wie oft kann man das heute lesen – mit Blick auf andere Potentaten und Autokraten? Wie häufig finden sich gute vernünftige Argumente für den Frieden oder für die Schritte zum Frieden? Wie oft erklingt der Ruf nach Nüchternheit und Rationalität, nach der Geltung des Rechts und der vernünftigen Ordnung der Verhältnisse von Staaten zueinander? Und wie wahr und wichtig ist dieser Ruf. Das zeigen nicht zuletzt Kants Überlegungen zum ewigen Frieden. Doch wusste Kant auch, dass die Politik im wirklichen Leben nicht nur vernünftig ist – und zwar weil der Mensch nicht nur vernünftig und insofern friedfertig, sondern oft auch voller Zwietracht handelt. Das ist eine triviale, aber oft übersehene Wahrheit. Menschen sind nämlich auch emotionale, von Gefühlen bestimmte Wesen. Und genau die Emotionalität des Menschen kann eine wichtige Triebfeder für zwieträchtiges Handeln sein. Doch wurde und wird sie oft übersehen, so als ließe sich Politik nach den Regeln eines philosophischen oder politikwissenschaftlichen Oberseminars gestalten: rational, diskursiv, dem besseren Argument verpflichtet. Oder als sei das Emotionale etwas Dunkles oder gar Ungehöriges, das es in die Sprache der Vernunft zu übersetzen oder gar zu verdrängen gilt. Doch kommt das Verdrängte zurück – nicht selten, wie in der Gegenwart, mit einer Kraft, die dann kaum noch zu beherrschen ist. Dagegen kann auch die »List der Natur« wenig oder nur sehr langfristig etwas ausrichten.

Wenn in der Gegenwart die Politik oft im Zeichen von Angst, Wut oder Ressentiment erscheint, dann hat das auch damit zu tun, dass man lange die emotionalen Voraussetzungen, Begleitumstände und Folgen bestimmter Entscheidungen und Handlungen nicht beachtet hat. Angst, Wut und Ressentiment haben sich weder auf der internationalen noch auf der nationalen Ebene nicht zufällig entwickelt. Sie gehen auf Kränkungen, auf mangelnde Wertschätzung oder auf tief reichende Verletzungen zurück. Eine Philosophie und Politik des Friedens darf diese emotionalen Ebenen nicht übersehen. Vor allem darf die Politik die Gründe für sie nicht noch verschärfen. Man kann Kants These, keine

Kriegsführung dürfe so gestaltet sein, dass ein anschließender Friede unmöglich werde, in diese Richtung lesen. Doch man müsste dabei auch die Politik in Friedenszeiten einbeziehen: Auch diese darf nicht ein Gegenüber derart kränken oder verletzen, dass es irgendwann zu einer Entladung von Hass und Aggression kommen wird, die nicht mehr mit friedlichen Mitteln beherrschbar ist.

Eine langfristige Friedenspolitik müsste daher auch bei einer Politik der Gefühle ansetzen. Sie setzt an – das gilt für Konflikte innerhalb einer Gesellschaft wie auch zwischen Staaten – bei der Anerkennung und der Wertschätzung des Gegenübers: nicht primär als eines radikalen Feindes, sondern als eines Individuums oder einer Gruppe von Mitmenschen mit einer unverletzlichen Würde, mit unveräußerlichen Rechten und mit Interessen, die den eigenen Anliegen ähnlich sind. Das bedeutet nicht, blind für Ambivalenzen oder problematische Aspekte im Verhalten der anderen zu sein. Es gibt Differenzen, Eigenarten und Verhaltensweisen anderer Menschen oder Nationen, denen man nicht mit Indifferenz begegnen darf. Man muss sie benennen – auch auf die Gefahr hin, dass das Gegenüber nicht hören möchte, was man sagt und

dass man zu Gegnern in einem – friedlichen, mit friedlichen Mitteln zu führenden – Konflikt wird. Aber auch auf die Gefahr hin, dass man selbst kritisch in Frage gestellt werden kann. Jede wirkliche Begegnung setzt die Bereitschaft zur Selbstkritik und zur Korrektur voraus. Grundlegend ist mit Blick auf den Frieden der Primat einer Hermeneutik des Wohlwollens statt einer Hermeneutik des Verdachts. Ein Verdacht dem anderen gegenüber und ein entsprechend vorsichtiges Verhalten kann angebracht sein. Nicht selten ist diese Vorsicht sogar notwendig. Aber sie darf nicht zur Regel werden. Denn nur im Rahmen einer Hermeneutik des Wohlwollens ist Versöhnung möglich, eine versöhnte Verschiedenheit. Und ist dies nicht ein anderes Wort für *»Frieden«*?

Dieser Frieden bleibt eine Aufgabe – gerade nach der »Zeitenwende«. Kant schreibt diese Aufgabe weitestgehend den Politikern und den Philosophen zu. Doch bedarf der Frieden auch einer bestimmten Kultur. Diese entsteht nicht von oben, sondern von unten. Sie unterstützt das harte Geschäft der Politik. Dabei können die Künste und die Religionen eine besondere Rolle spielen. In den Künsten – das zeigen die beeindruckenden, die Brutalität des Krieges nicht verleugnenden, aber auch an die Möglichkeit und Notwendigkeit des Friedens erinnernden Arbeiten von Alexandra Kardinar und Volker Schlecht – mag eine Möglichkeit der Gerechtigkeit und Versöhnung, ein Bild friedlichen Lebens auftauchen, das nicht die Wirklichkeit einfach nur abbildet, sondern in sie eingreift und sie verändert. Und auch in den Religionen kann sich ein – freilich oft verkanntes, freilich oft von religiösen Menschen selbst verratenes – friedensstiftendes Potential zeigen. Gerade die biblischen Texte handeln von Frieden, von einem Frieden, den die Welt nicht gibt, der sich aber in Gott oder von Gott her findet, aber auch von einem Frieden, um den Menschen sich bemühen können und müssen: jeden Tag neu, jeden Tag zunächst bei sich selbst, jeden Tag in Gesellschaft, Politik und in der Welt. Vielleicht muss man aus dieser Perspektive gerade heute wieder rufen *»Nie wieder!«* – nicht, weil man naiv die gegenwärtige Situation verkennen, verdrängen oder verzerren würde, sondern weil man alles, was heute geschehen muss, in einen weiteren, umfassenderen, menschlicheren Horizont zu stellen wagt, in den Horizont eines Friedens, der dauerhaft oder sogar ewig sein könnte. Welche Hoffnung hätten wir noch – heute, nach der Zeitenwende – ohne ein solches Ideal? Und müssten wir nicht mehr und engagierter noch von diesem Ideal Zeugnis ablegen?

Dr. Dr. Holger Zaborowski, geboren 1974, ist Professor für Philosophie an der Katholisch-Theologischen Fakultät der Universität Erfurt und derzeit Dekan der Fakultät.

20

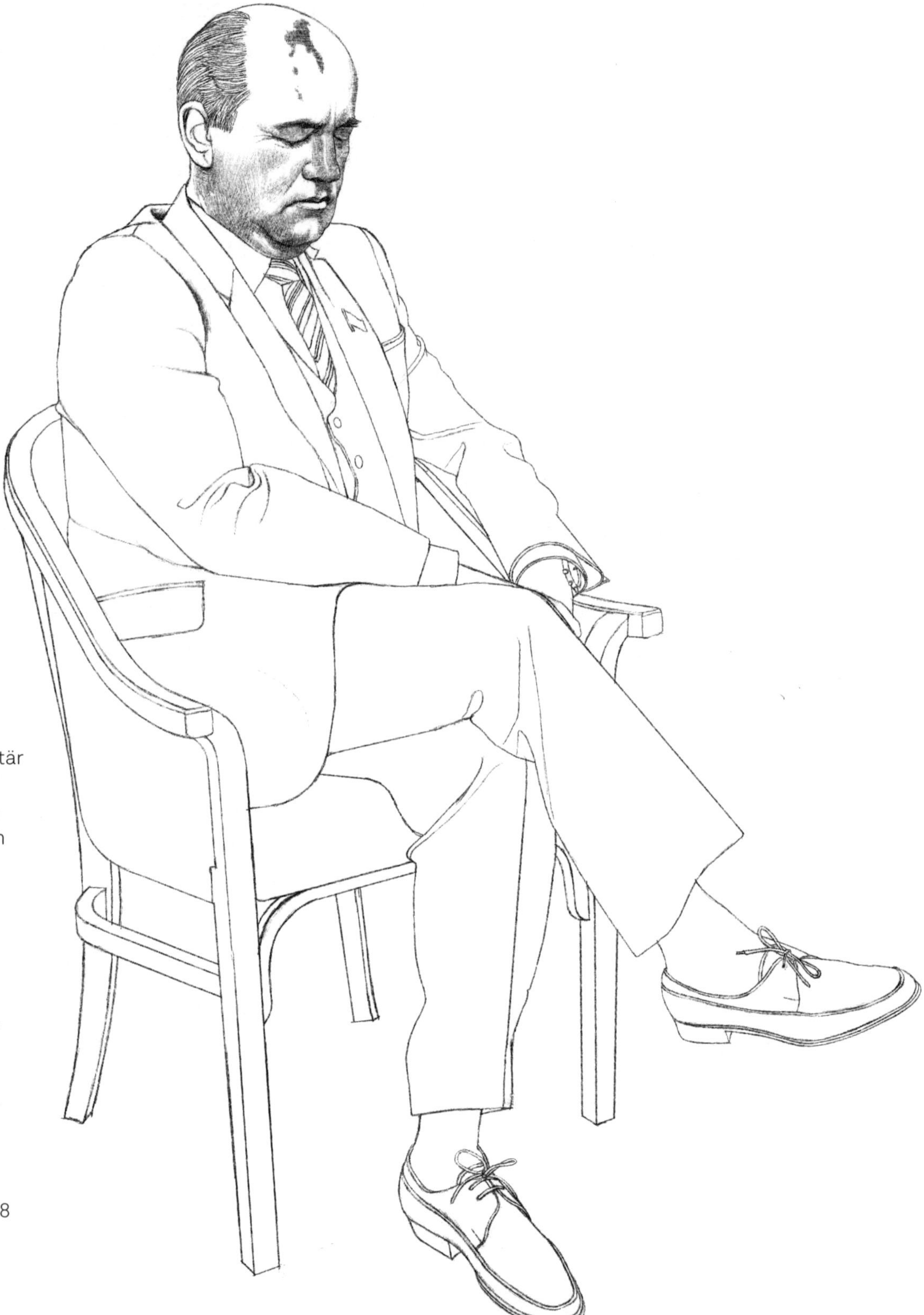

Michail Gorbatschow (1931–2022), von 1985 bis 1991 Generalsekretär des Zentralkomitees der Kommunistischen Partei der Sowjetunion (KPdSU) und letzter sowjetischer Staatspräsident

→→
Lew Tolstoi (1828–1910), Autor des Romans »Krieg und Frieden« (1869), Vertreter bedingungsloser Nächstenliebe und radikaler Gewaltlosigkeit – nach einer Farbfotografie von 1908 von Sergei Prokudin-Gorski (1863–1944)

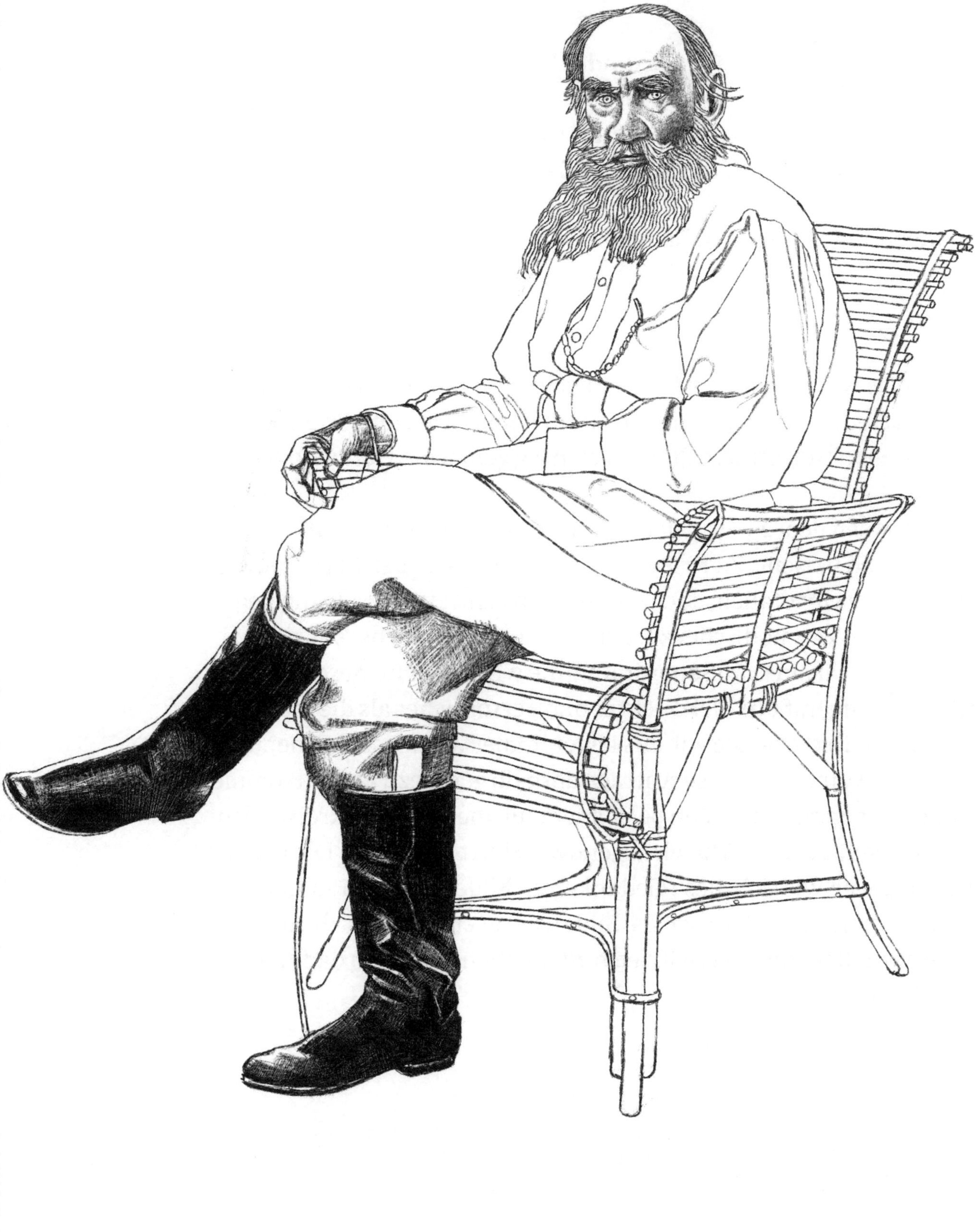

Wir haben den Krieg nicht direkt bebildert

Das Illustratorenkollektiv Alexandra Kardinar und Volker Schlecht im Interview über die scheinbare Unschuld spielerischer Bildideen und visueller Metaphern angesichts der brutalen Aktualität des Weltgeschehens

Die Fragen stellte Martin W. Ramb.

Was ist Ihnen durch den Kopf gegangen, als wir Sie angefragt hatten, zehn Illustrationen zum Thema Krieg und Frieden für den EULENFISCH zu gestalten? Worin lag genau die Herausforderung?

Spätestens seit dem 24. Februar 2022 ist das Thema für uns alle schockierend präsent. Zu Krieg und Frieden wäre uns sicherlich schon vorher genug eingefallen, doch ein so offensichtlicher, groß angelegter und geradezu »altmodischer« Überfall wie der russische Angriff auf die Ukraine war eine Größenordnung, die wir bisher nicht selbst erlebt hatten, und sie traf uns viel direkter und persönlicher als die meisten anderen Konflikte, an die wir uns leider immer wieder schleichend gewöhnen. Wir haben diese Anfrage deshalb geradezu als willkommene Möglichkeit empfunden, den permanent um diesen Krieg kreisenden Gedanken mit unseren Mitteln irgendwie Herr zu werden. Die Herausforderung war, wie sich diese Gedanken zu Bildern ordnen sollten – eine zweite, noch größere war es, Bildideen zu entwickeln, die über diesen aktuellen, konkreten Krieg hinausgehen, ohne ihn dadurch zu relativieren.

Sie haben sich ja bewusst gegen eine graphische Umsetzung uns aller bekannter Pressebilder aus Kriegsgebieten entschieden. Stattdessen haben Sie einen ikonographisch-metaphorischen Zugang gewählt. Warum sind Sie so vorgegangen?

Unser Verständnis zur Rolle von Illustrationen ist geprägt durch die selbstverständliche Verfügbarkeit von Fotografie und Film. Niemand braucht mehr eine Illustration, um sich »ein Bild zu machen«, sei es von Kriegsgebieten oder von einem Urlaubsort. Illustrationen können eine andere Betrachtungsebene, eine andere Sicht anbieten, die über diesen einen, belichteten Moment hinausgeht und die nicht die Illusion von abgebildeter Wirklichkeit erzeugt. Andererseits können Illustrationen auch kein Ersatz für Texte sein. Wir wollen die Welt nicht erklären. Wir maßen uns nicht an, komplexe Zusammenhänge durch Bilder erschöpfend zu erörtern. Wir versuchen, visuell zu denken. Wir versuchen, Muster zu erkennen. Und wir haben die Freiheit, dokumentarisches Bildmaterial mit Zitaten aus der Kunstgeschichte und anderen visuellen Versatzstücken zu kombinieren und diese einander gegenüberzustellen. Dieser Prozess ist oft für uns selbst erhellend, eine eigene Form des Entdeckens, des Erkennens, auch der Entlarvung von Propaganda und von Präsentationsstrategien.

Das Bild der Zeitenwende wird in letzter Zeit immer wieder bemüht, um zum Ausdruck zu bringen, dass die Welt in eine neue Richtung treibt bzw. getrieben wird. Spüren Sie diese Zeitenwende auch und wie verändert dieser Paradigmenwechsel Ihre Arbeit?

Vor allem hat sich im Denken, in der Wahrnehmung und Wertung der täglichen Nachrichten tatsächlich etwas grundsätzlich umgedreht. Unser wackliges Referenzsystem der letzten Jahrzehnte ist endgültig kaputt. Welche historischen Parallelen erscheinen jetzt plausibel? Wer oder was kann jetzt ein Kompass sein? Unsere Arbeit betrifft das ganz klar – vor allem bei diesen Illustrationen hier. Aber auch darüber hinaus – die scheinbare Unschuld oder Neutralität von spielerischen Bildideen, von visuellen Metaphern kollidiert plötzlich mit der brutalen Aktualität.

Ich könnte mir vorstellen, dass es einen großen Unterschied

ausmacht, ob ich aus der Erinnerung heraus mich Themen nähere oder ob ich als Zeitzeuge an einer Illustration arbeite. Wie verändern die beiden Kriege in der Ukraine und in Gaza Ihre Art zu arbeiten?

Unsere Illustrationen entstanden auch bisher in völlig verschiedenen Kontexten – sowohl zu aktuellen als auch zu historischen Themen. Unsere Art zu Arbeiten ändert sich also nicht grundsätzlich. Die persönliche Sicht, mit der wir den Krieg in der Ukraine und die Ereignisse in Israel und Gaza wahrnehmen, ist aber emotionaler, stärker angreifbar als beim Arbeiten aus der »sicheren« historischen Distanz wie bei unserer Auseinandersetzung mit Richard Henkes und mit dem nationalsozialistischen KZ-Staat. Aktuell überschlagen sich die Ereignisse, unsere Illustrationen können von einem auf den anderen Tag überholt sein. Am 7. Oktober war ein großer Teil unserer Zeichnungen eigentlich fast fertig. Als wäre nicht alles schon schlimm genug, hat dieser Terrorangriff den nächsten Schock ausgelöst. Das unerträgliche Leid der Zivilisten in Gaza, das Schicksal der Geiseln – all das kommt jetzt Tag für Tag noch »obendrauf«. Wir stoßen auch an die Grenzen des Genres »Illustration« – unsere Bilder können darauf gar nicht adäquat reagieren.

Sieht man sich Ihre zehn Illustrationen an, so sind die Illustrationen des Friedens in der Minderzahl. Fällt Ihnen zu Frieden einfach nicht mehr ein?

Uns hat tatsächlich diese Unterscheidung nicht interessiert, sondern wir haben »Krieg und Frieden« als inhaltlichen Zusammenhang aufgefasst, als politische Zustände, die sich gegenseitig bedingen – auch als vertrautes Begriffspaar wie bei Tolstoi. Doch es ist auch ganz klar: unser bisheriges Koordinatensystem ist beim Thema Frieden durcheinandergekommen, während die Realität der stattfindenden Kriege überproportional präsent ist. Sichtbarer Ausdruck davon ist zum Beispiel die Anwesenheit Neville Chamberlains in unserer Zusammenstellung der Personen, die für den Begriff »Frieden« stehen sollen. Durch den Verlauf der historischen Ereignisse vom Münchner Abkommen bis zum Beginn des Zweiten Weltkriegs wird klar, welche Zweifel uns bei diesem Thema beschäftigen. Wir haben allerdings auch den Krieg nicht direkt bebildert. Unsere Illustrationen sehen wir eher als Vergleiche, als Gegenüberstellungen, als Gedankengang.

Schaut man auf das bisherige Werk von Drushba Pankow, erkennt man schnell, dass die Themen »Gewalt« und »ungerechte Herrschaft« eine große Rolle spielen. Warum ist das so?

Das ist uns auch höchstens im Rückblick bewusst. Letztendlich hängt die Auswahl der Themen bei uns Illustratoren, anders als bei freien Künstlern, in der Regel davon ab, zu welchen Aufträgen, zu welchen Buch- oder Filmprojekten, die an uns herangetragen werden, wir Ja oder Nein sagen. Tatsächlich fällt uns eine Absage schwerer, wenn uns das Thema persönlich wichtig ist oder wir die Möglichkeit sehen, mit unserer Arbeit zu irgendeinem guten Zweck beizutragen.

Wir sind beide in der ehemaligen DDR aufgewachsen, wir waren 1989 17 bzw. 21. Die eigenen Erfahrungen erscheinen uns manchmal wie ein Schlüssel zum Verständnis der »Mechanik« von Diktaturen, auch wenn dieser Schlüssel nicht immer passt.

Volker Schlecht, Sie leben in Berlin – Alexandra Kardinar, Sie in Hamburg. Beides Städte, in denen die Fratze des Antisemitismus sich auf der Straße und in Gewaltakten gegen jüdische Bürgerinnen und Bürger wieder zeigt. Sie beide leisten durch Ihre Arbeiten einen wichtigen Beitrag zur Erinnerungskultur in unserem Land. Was ist dennoch aus Ihrer Sicht bei der Erinnerungsarbeit schief gelaufen, dass jüdische Bürgerinnen und Bürger sich nicht mehr in Deutschland sicher fühlen?

Vielleicht hat diese Situation mit der Erinnerungsarbeit gar nichts zu tun. Vielleicht ist es Hybris zu glauben, dass eine gelungene Erinnerungsarbeit die Sicherheit von Jüdinnen und Juden, auch von anderen gefährdeten Minderheiten, in Deutschland gewährleisten kann. Vielleicht überschätzen wir die Wirkung von Büchern, Filmen, Projekten, wenn grundsätzlichere, wichtigere Probleme ungelöst sind. Bei dem Neonazi-Anschlag in Halle stand kein einziger Polizist vor der Synagoge, kein einziger Streifenwagen. Bei der Mordserie des »Nationalsozialistischen Untergrunds (NSU)« gingen die Ermittlungen jahrelang in die falsche Richtung. Vielleicht liegen die Antworten in den ganz banalen politischen Verteilungskämpfen um die Finanzierung von öffentlichen Aufgaben – angefangen beim Lehrermangel in den Schulen bis hin zur Personalnot bei der Polizei, bei Jugendämtern und Justiz.

Sie haben sich über die Figur des seligen Pater Richard Henkes mit dem christlichem Widerstand im Nationalsozialismus intensiv auseinandergesetzt. Welche Rolle spielen Religionen in der Konfliktbewältigung für Sie?

Spielen Religionen (als Plural) überhaupt eine Rolle bei der Konfliktbewältigung? Sind Religionen nicht auch Ursache oder wenigstens die scheinbare Ursache vieler Konflikte? Sowohl bei den Leuten um Richard Henkes im Konzentrationslager in Dachau als auch bei vielen Menschen in der ehemaligen DDR war der christliche Glaube eine Art Rückhalt, ein Kompass, um nicht geistig zu kapitulieren. Einzelne Kirchen, einzelne Pfarrer, nicht »die Kirche« insgesamt, boten Schutzräume für die Arbeit der Opposition. Durch ihren Glauben waren Christen vor den Versuchungen der pseudoreligiösen Weltbeglückungsideologie eher gefeit. Sobald sich Religionen oder religiöse Autoritäten in Machtpositionen befinden, sieht es schon wieder ganz anders aus. Da müssen wir im EULENFISCH wohl keine Eulen nach Athen tragen.

Würden Sie der Kunst eine Relevanz zusprechen, um aus dem Teufelskreis von Vergeltung herauszukommen?

Kunst ist wichtig. Die Ermöglichung von Kunst bedeutet Kultur, bedeutet Zivilisation und Bildung. Gleichzeitig muss Kunst frei von funktionalen Erwartungen an sie sein. Sie kann also nur indirekt etwas beitragen. Alles andere wäre Propaganda. Wir selbst als Illustratoren stehen irgendwo dazwischen – mit einem Fuß in der Bildung, mit dem anderen in der Kunst, wenn wir Glück haben ...

Alexandra Kardinar, geboren 1972, ist Professorin für Illustration an der HAW Hamburg. Volker Schlecht, geboren 1968, ist Professor für Gestalten / Zeichnen an der Hochschule Anhalt in Dessau. Unter dem Namen Drushba Pankow arbeiten sie gemeinsam vor allem auf dem Gebiet der Illustration.

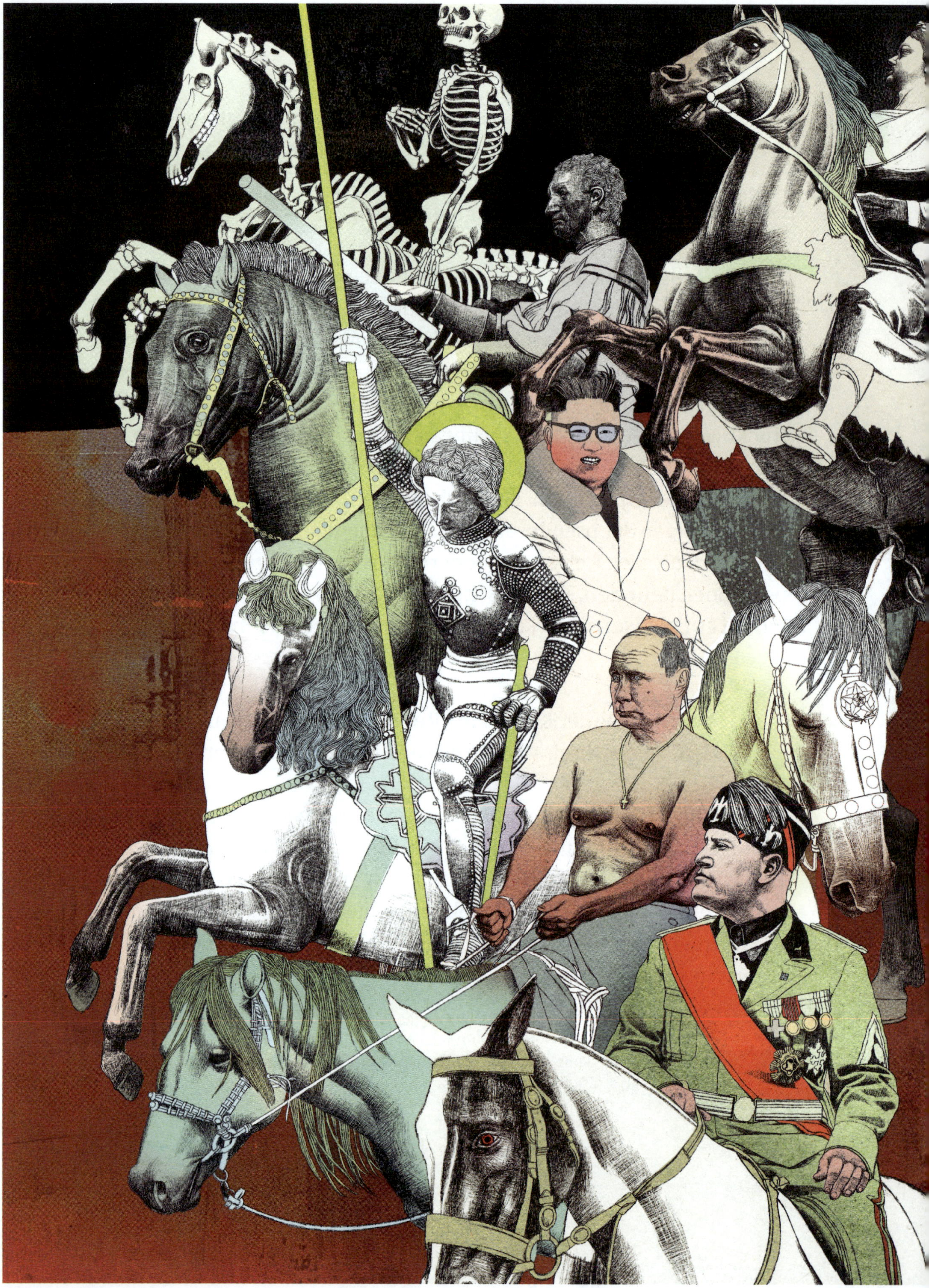

Die Reiter

Margot Käßmann

Da reiten sie, die großen Krieger. Machtvoll auf dem Pferd kommen sie daher – die armen Pferde hat niemand gefragt. Ausschließlich Männer sind es aus allen Jahrhunderten. Warum ist das so wichtig, auf dem Pferd zu sitzen? Erhaben, von oben auf das Geschehen schauend. Mir kommt das eher lächerlich vor. Toxische Männlichkeit wie bei Putin. Jesus soll auf einem Esel in Jerusalem eingezogen sein. Ohne Schwert. Wahrscheinlich in Sandalen. Das hat nichts Bedrohliches, sondern strahlt eher Sanftmut, Nähe zu den Menschen aus. Mich spricht ein solches Bild mehr an. Er ist gekommen, Frieden zu bringen, nicht das Schwert!

Immer wieder geht es um dieses Bild von Macht, das unsere Sprache bestimmt: »kraftvoll«, »heldenhaft«, »mutig«. So sollen sie daherkommen, die echten Kerle. Wobei weder Wladimir Putin noch Kim Jong-Un je vorne sein werden an der Front, Caesar war es gewiss auch nicht. Sie sind diejenigen, die die Befehle geben. In den Schützengräben verrecken die einfachen Soldaten im Gemetzel, das die Mächtigen angeordnet haben. Die jungen Russen wie die jungen Ukrainer, die jungen Syrer wie die jungen Jemeniten.

In unseren Tagen wird Männlichkeit wieder mit Tapferkeit im Krieg zusammengesehen. Was für eine traurige Rückwärtsgewandtheit. Ich dachte, das hätten wir überwunden. Warum sollen wir jetzt in Schulen und Krankenhäusern auf Kriege vorbereitet werden und Soldaten mit einem Veteranentag ehren? Mir liegt überhaupt nicht daran, dass wir alle »kriegstüchtig« werden. Viel lieber wäre mir, wir könnten endlich »friedenstüchtig« sein …

Friedenstüchtig – das heißt runter vom Pferd! Und: Raus aus den Panzern. Begegnet euch. Hört euch zu! Vergesst doch die irrsinnigen Feindbilder, die euch eingebläut werden. Der andere ist auch nur Mensch. Die andere will auch nur in Frieden leben. Wir brauchen endlich eine Logik des Friedens, statt ununterbrochen mit Kriegslogik zugedröhnt zu werden. Wir sehen im Nahen Osten, wie nach dem entsetzlichen Terrorattentat der Hamas am 7. Oktober 2023 die *»Rache«* (Benjamin Netanjahu) Israels inzwischen zehntausende Tote zur Folge hat. Huthi-Rebellen greifen Frachtschiffe im Roten Meer an. Die USA, Großbritannien und auch Deutschland greifen Huthi-Rebellen an. Die Gefahr besteht, dass der Iran Kriegspartei wird und dann die USA und dann .... Und so wird die Spirale der Gewalt weiter und weiter angeheizt, anstatt dass um der Menschen willen Diplomatie in den Vordergrund rückt, Verhandlungen gesucht werden, die erstmal die Waffen zum Schweigen bringen. Verhandlungen können auch herbeiverhandelt werden, hat der Journalist Heribert Prantl zu Recht gesagt.

Wer heute für den Frieden eintritt, wird als Putinversteher oder Teestubenpazifistin diffamiert. Pazifisten von gestern schwärmen heute von Taurusraketen. Ehemalige Antiatomkraftaktivisten sehen aktuell die Notwendigkeit einer EU-Atommacht. So aber wird kein Frieden. So wird nur die ewige Spirale Eskalation weiter angeheizt. Verhandlungen sind kein Zeichen von Schwäche, sondern von Klugheit. Jedes Menschenleben ist es wert, vom Gemetzel an der Front verschont zu werden. Kein Flecken Erde ist es wert, dass Tausende dafür ihr Leben lassen. Wer einmal in Verdun war und den ganzen unsinnigen Tod dort vor Augen hatte, wird alles tun, damit sowas sich nicht wiederholt.

»Krieg soll nach Gottes Willen nicht sein« haben die Kirchen der Welt 1948 proklamiert[8]. Oh ja, die Kirchen haben allzu oft Kriege und Waffen gesegnet. Aber damit sind sie stets in die Irre gegangen. Sie haben sich damit immer wieder entfernt von dem, auf den sie sich berufen. Jesus hat gesagt: *»Steck das Schwert an seinen Ort!«* Und: *»Selig sind, die Frieden stiften.«* Ja sogar: *»Liebet eure Feinde, bittet für die, die euch verfolgen.«* Damit provoziert er alle Kriegstreiber und Waffenlieferanten bis heute. Auf ihn können sie sich jedenfalls nicht berufen, wenn sie mit Kriegen ihre Macht beweisen wollen und an den Kriegen der Welt verdienen.

Also noch einmal: Kommt runter vom Pferd! Geht auf andere zu. Verhandelt über eure Machtansprüche. Und lasst die Kinder dieser Welt endlich, endlich in Frieden und ohne Angst vor den Waffen dieser Welt aufwachsen. Die Zukunft liegt nicht in Aufrüstung, sondern allein in Abrüstung.

Dr. Dr. h.c. Margot Käßmann, geboren 1958, ist Publizistin und Theologin und war Landesbischöfin der Evangelisch-lutherischen Landeskirche Hannovers und Ratsvorsitzende der EKD.

8 Studienabteilung des Ökumenischen Rates der Kirchen in Genf (Hrsg.), Die Unordnung der Welt und Gottes Heilsplan. Amsterdamer ökumenisches Gespräch 1948. Band 4: Die Kirche und die internationale Unordnung, Zürich 1948, 260.

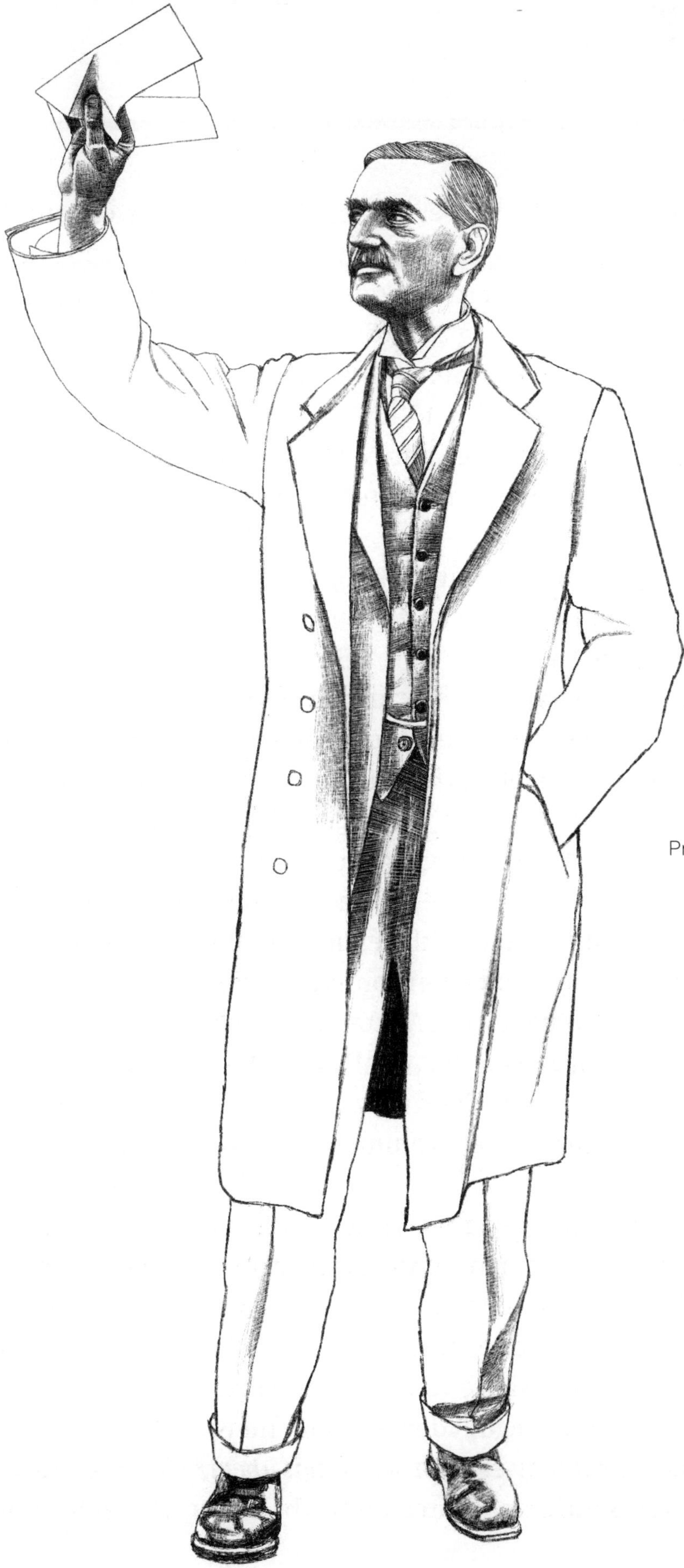

Neville Chamberlain (1869–1940), britischer Premierminister von 1937 bis 1940, nach seiner Unterzeichnung des Münchner Abkommens am 30. September 1938

Opfer

Julia Knop

Im Hintergrund des Bildes ein zerstörtes Gebäude, vielleicht ein Krankenhaus oder ein Schuppen. Im Vordergrund Leichensäcke, grob und hastig verschnürt. Es ist Nacht. Der rot-orange aufleuchtende Horizont rechts oben: eher Feuer, das aus kriegszerstörten Städten aufflammt, als Morgenröte. Im Zentrum: die Umrisse einer Frau, die einen nackten Toten so im Arm hält, wie man ein Kleinkind hält, um es zu trösten oder in den Schlaf zu singen. Sie muss einen der Leichensäcke aufgeschnürt und den Leichnam daraus geborgen haben. Sie ist die einzige Figur, die ein Gesicht hat.

Eine irreale, surreale Darstellung, verstörend im Ganzen und falsch im Detail, der Leichnam ist viel zu klein, und wer im Himmel sollte so zwischen Leichen sitzen?

Wer die ikonographische Tradition des Christentums kennt, weiß: Das ist eine *Pietà*, eine Darstellung der Muttergottes, die den Leichnam des gekreuzigten Gottessohnes hält. In der Bezeichnung Vesperbild scheint noch der Moment durch, der abgebildet werden soll: die Kreuzabnahme am frühen Abend des Karfreitags, kurz vor Beginn des Sabbats, ungefähr zur Stunde, in der spätere Generationen die Vesper singen werden. Die Pietà ist die Marienklage, sie stellt die Schmerzen Mariens angesichts des zu Tode gefolterten Sohns dar. Die Symbolsprache stammt aus der Passionsfrömmigkeit des Mittelalters: sich versenken ins Leid, einstimmen in die Klage Mariens, der Passion Jesu einen Sinn geben, seinen Kreuzweg gehen und das Kreuz verehren, die Folterstätte, die paradoxerweise in christlicher Frömmigkeit zum Zeichen der Hoffnung werden sollte.

Solche Darstellungen gibt es seit dem frühen 14. Jahrhundert. Die ersten Beispiele stammen aus unseren Breiten, dem heutigen Mittel- und Ostdeutschland. Eine der bekanntesten ist die Pietà von Michelangelo im Petersdom in Rom, überlebensgroß, eine Auftragsarbeit, 1499 oder 1500 während der Hochrenaissance vollendet zum Preis von 450 Golddukaten. Sie sollte, wie es im Vertrag mit dem Erbauer hieß, *»alle bis dahin in Rom bekannten Marmorkunstwerke an Schönheit übertreffen«*. Die Klage einer Frau, deren Sohn einen Foltertod starb – Inbegriff des Schönen?

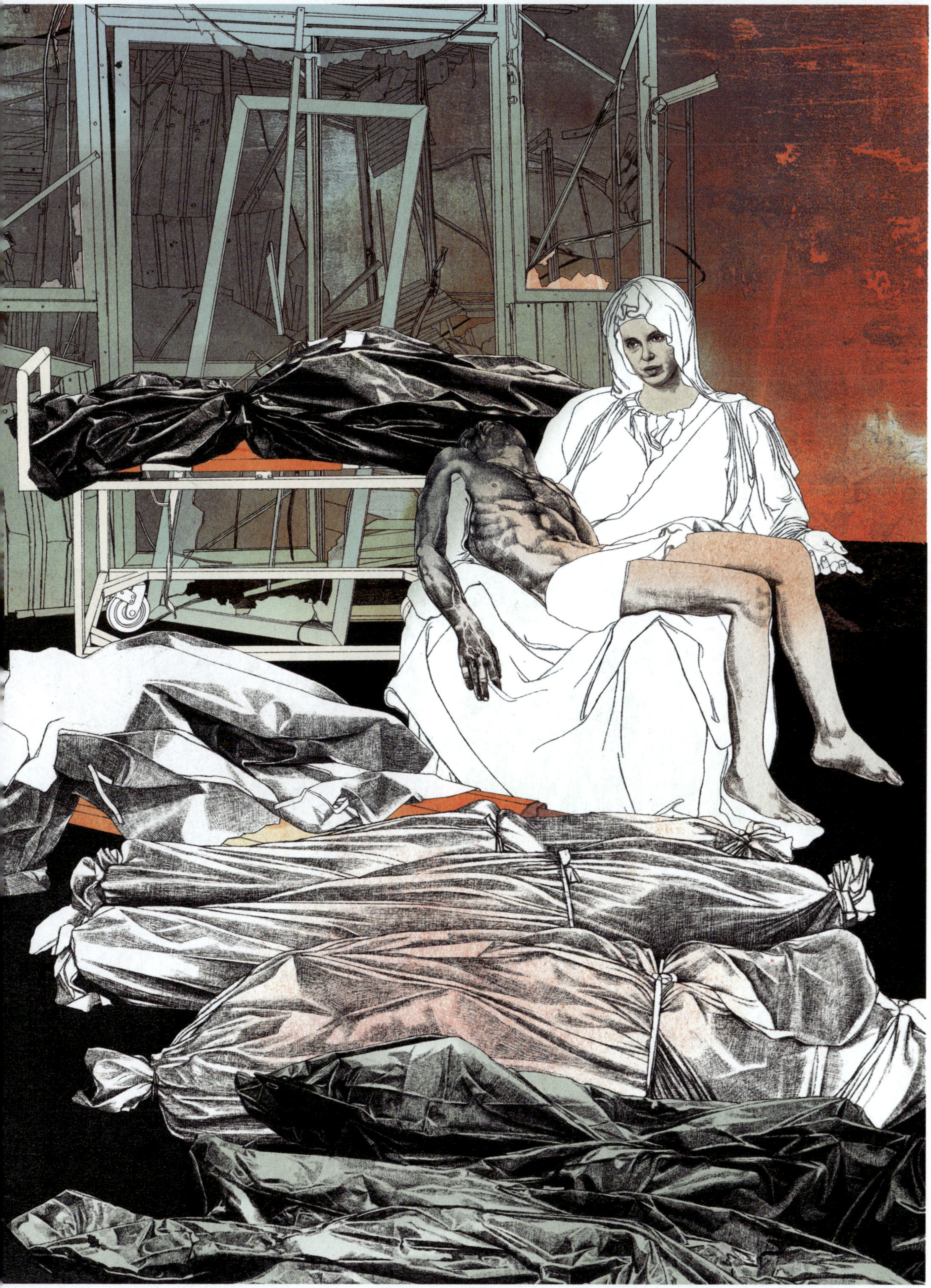

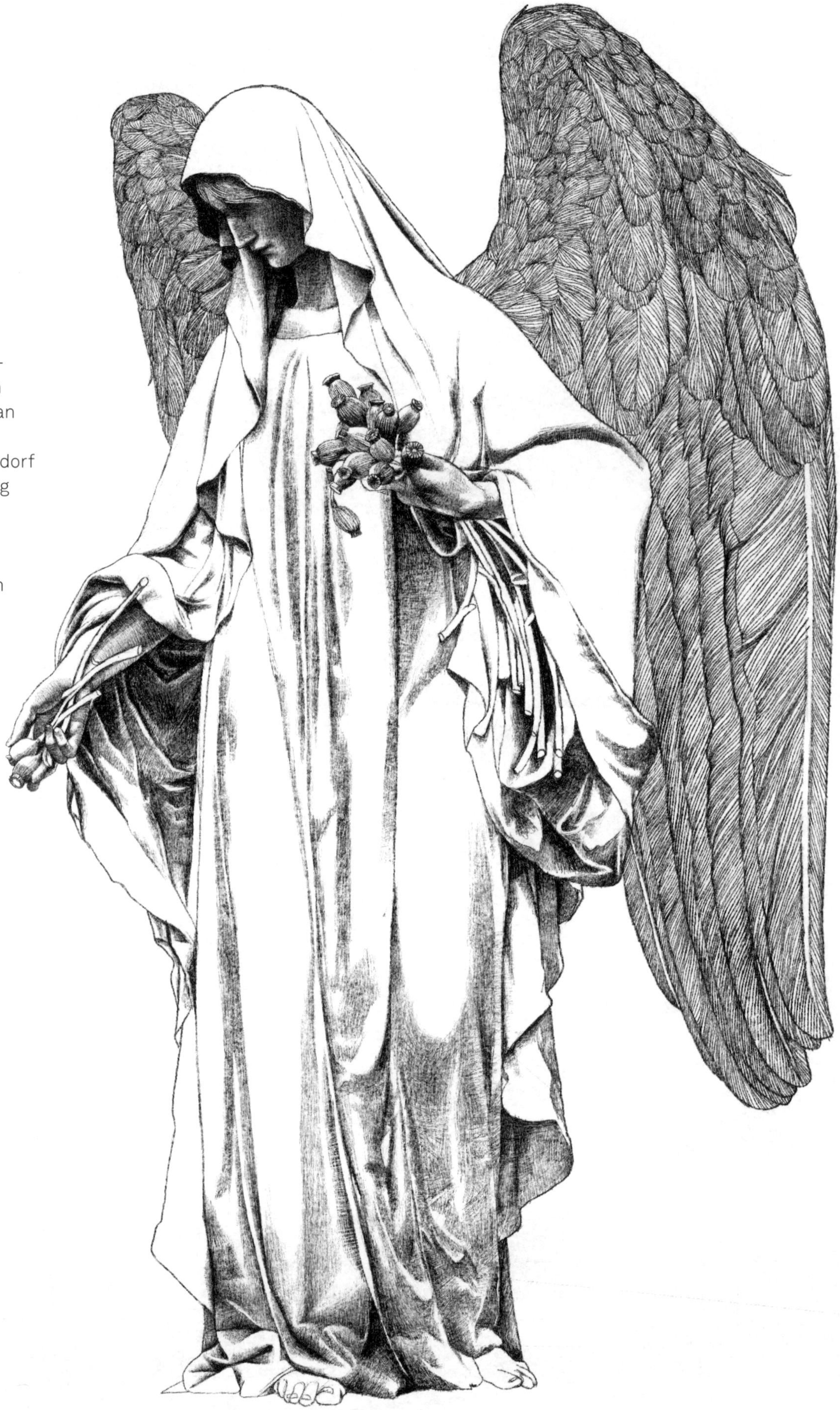

Engel mit Schlafmohn – nach einer Skulptur von Hans Hartmann-McLean (1862–1946) auf dem Friedhof Hamburg Ohlsdorf am Familiengrab Oetling

Eine zweite Fassung befindet sich im Garten der Villa Lubisch in Lückendorf im Zittauer Gebirge.

In der Figurenzeichnung gleicht die Pietà von Alexandra Kardinar und Volker Schlecht bis ins Detail dieser Pietà von Michelangelo. Das Zitat ist eindeutig. Auch der Moment ist vergleichbar: irgendwo zwischen Tod und Begräbnis, in der Phase, die für die Überlebenden am unwirklichsten ist.

Doch die Installation setzt markante Unterschiede: Maria – oder wie immer diese Frau hier heißen mag – ist nicht schön. Sie ist nicht abgeklärt, nicht heilig. Nicht fern von aller Welt und allen anderen Toten. Ihre Augen sind geöffnet. Sie schaut das Grauen an, das sie umgibt. Sie sieht die Leichensäcke, die sinnlose Zerstörung, schaut darauf mehr als auf den toten Sohn. Diese Pietà von Drushba Pankow ist kein Andachtsbild. Es ist kein beruhigter, spirituell gefüllter Schmerz zu sehen, in den man sich fromm versenken könnte. Diese Passion ist real. Und: Sie hat einen Kontext. Auch der ist echt. Es ist kein überwältigender Kirchenraum aus blank geputztem Marmor, kein Museum, keine heile Welt. Kein Triumph über den Tod. Sondern erloschenes Leben, in Plastik verschnürt. Schreiende Stille.

Das Opfer, das der Collage aus Zitat und Gegenwart den Titel gibt, gereicht wohl niemandem zum Heil. Es ist kein *sacrificium* und keine *hostia*. Die Toten in den Leichensäcken wurden nicht »geopfert«, sie haben sich auch nicht freiwillig »hingegeben für« ein höheres Ziel. Sie wurden einfach ausgelöscht, brutal und sinnlos. Wie alle Toten, alle Gewaltopfer in den Kriegen dieser Welt.

Und der tote Mann auf diesem Bild: einer von viel zu vielen. Die Frau, die seinen Leichnam hält, sei sie Mutter, Schwester, Freundin oder Geliebte: eine von viel zu vielen. Im Zitat der Pietà geben sie den namenlosen Toten, den ungezählten Klagenden Gesicht und Körper, Gestalt und Würde. Sie geben ihnen ein Gedenken. Doch keinen höheren Sinn.

Dr. Julia Knop, geboren 1977, ist Professorin für Dogmatik
an der Katholisch-Theologischen Fakultät der Universität Erfurt.

→→
Junarmija – »Jugendarmee« für die militärische Früherziehung in Russland, gegründet 2016

Flakhelfer – deutscher Kindersoldat im Zweiten Weltkrieg

Kind in Gaza bei einem Marsch zum 14. Jahrestag der Gründung der Hamas

→
Hitlerjugend (1926–1945), Nachwuchsorganisation der NSDAP

↘
erster Schultag im Matrosenanzug, Deutschland 1923

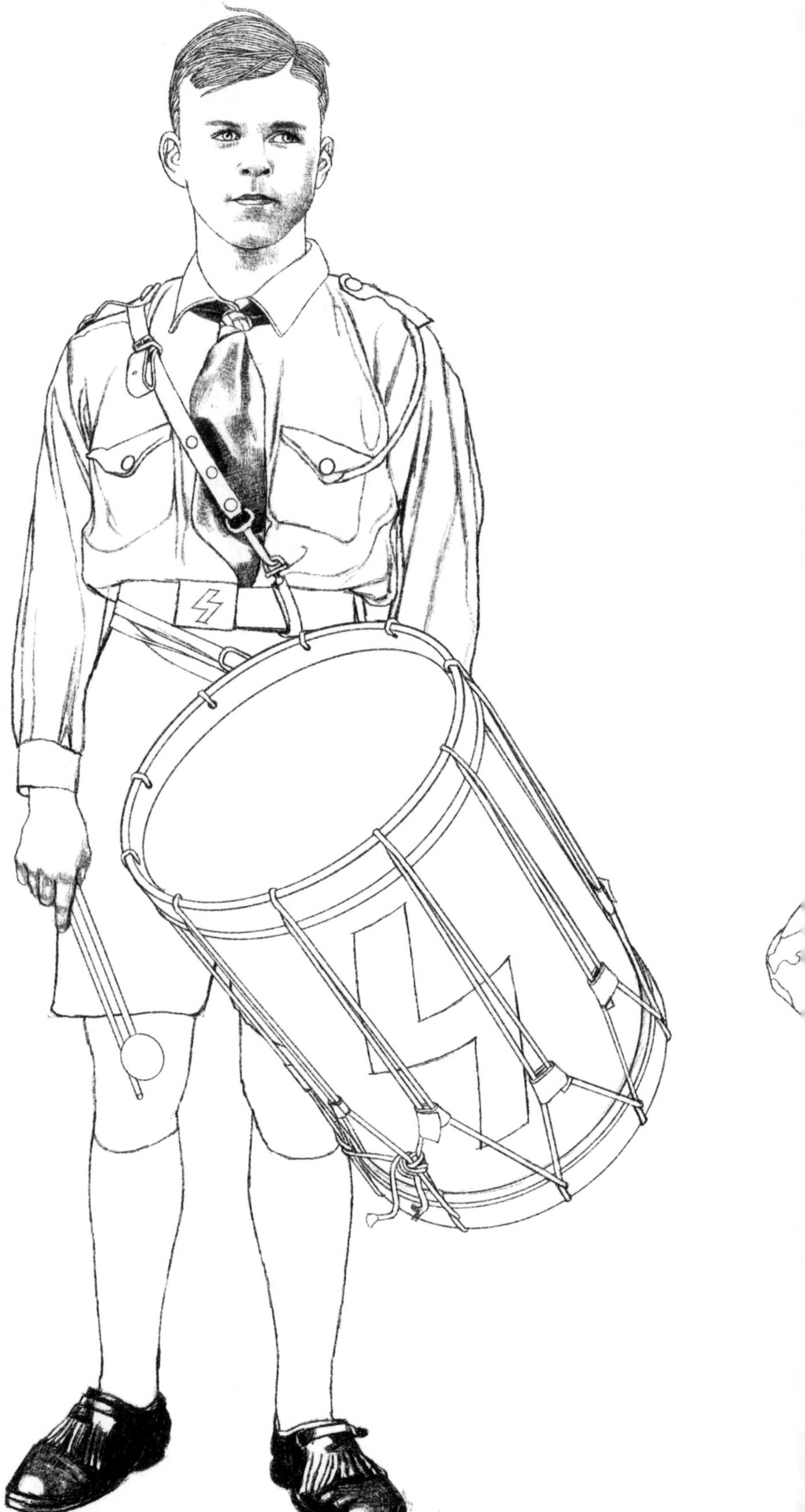

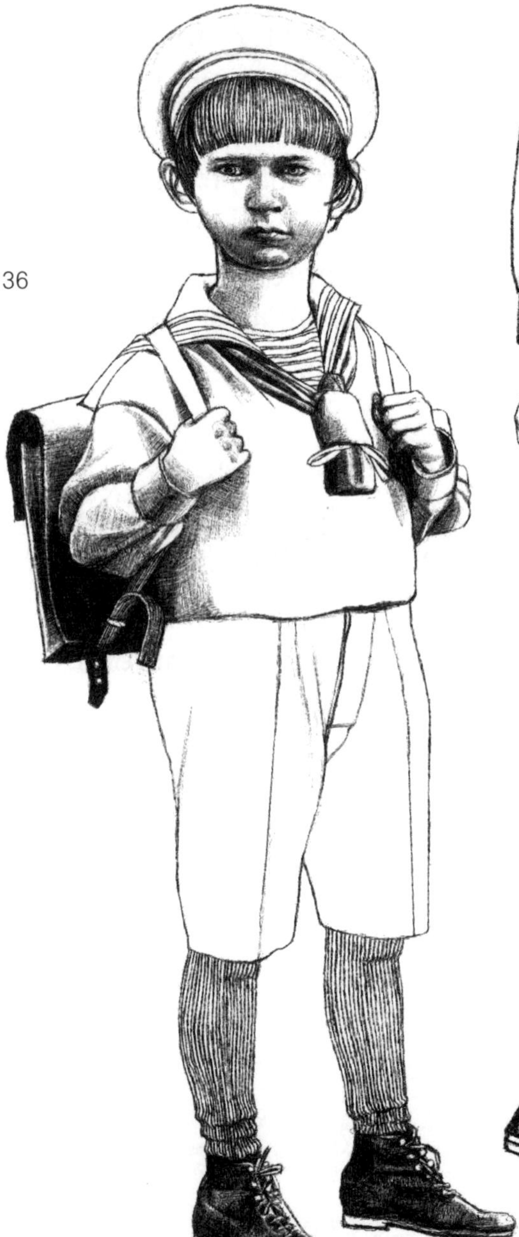

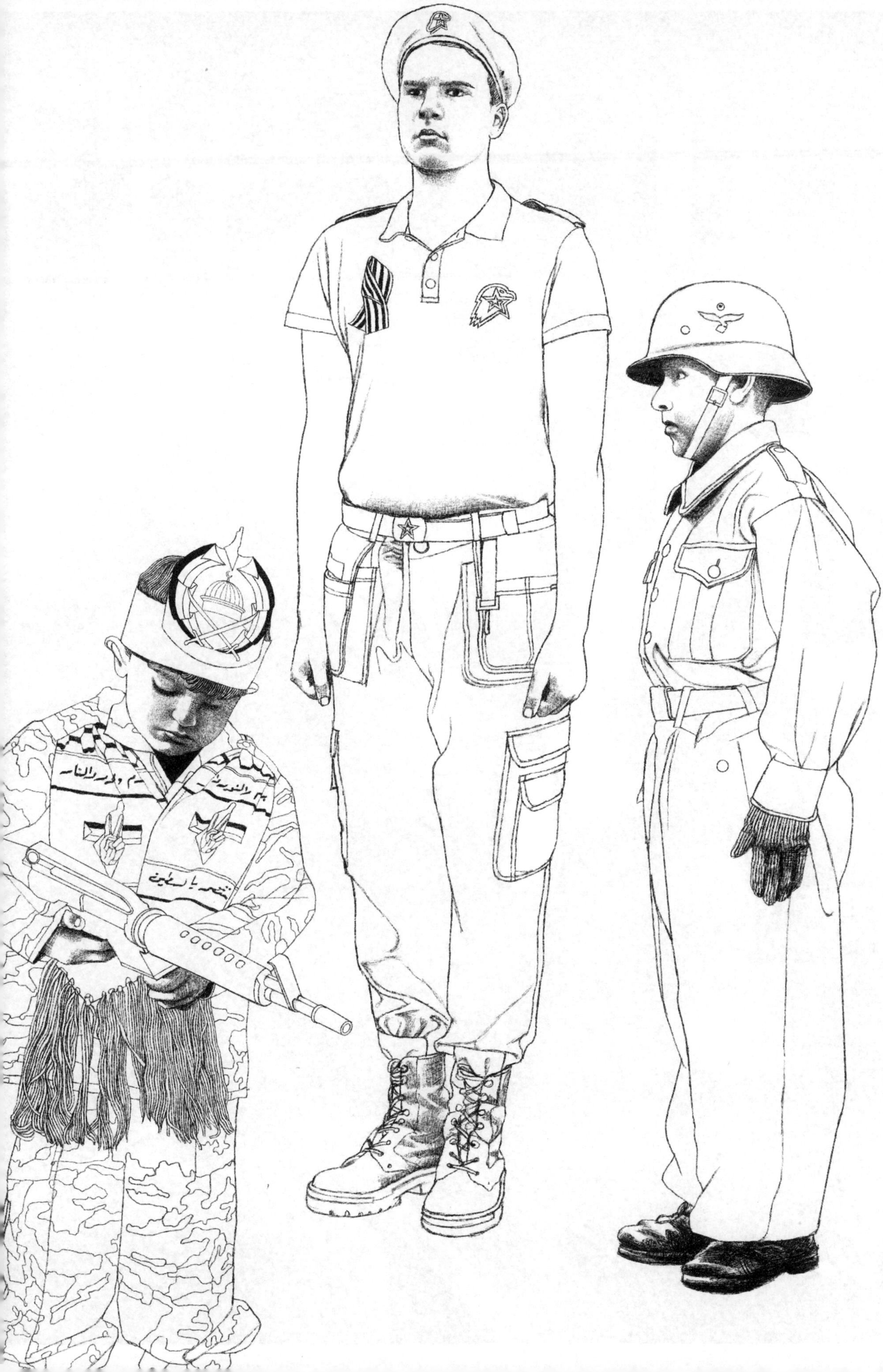

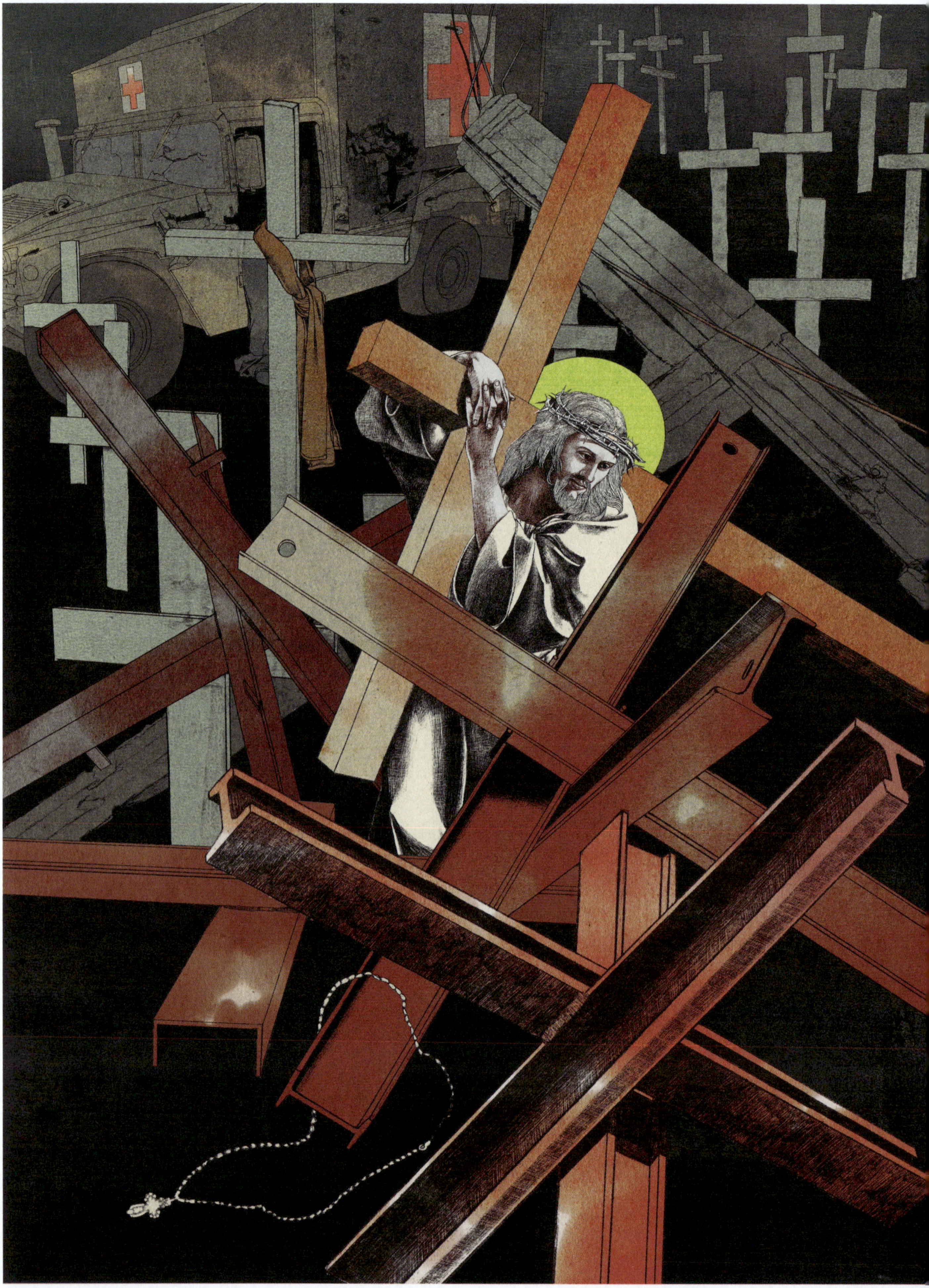

Kreuze

Thomas Ruster

Zu meiner Kommunion erhielt ich ein Wandkreuz, das heute noch über meinem Schreibtisch hängt. Es ist quadratisch. An den vier Ecken sind kleine Quadrate ausgeschnitten, so dass die Kreuzform entsteht. In getriebenem Kupfer ist die Kreuzigungsgruppe mit Jesus, Maria und Johannes abgebildet. An den vier Seiten die Umschrift: O CRUX AVE SPES UNICA HOC PASSIONIS TEMPORE, also: *Sei gegrüßt, o Kreuz, einzige Hoffnung in dieser Zeit des Leidens.* Auch wenn ich jetzt schon ein ganzes Leben lang auf dieses Kreuz schaue, auch wenn ich mein Leben lang Theologie getrieben habe und mich eigentlich auskennen müsste, so ist mir doch der Sinn dieser Worte immer noch nicht klar. Warum ist das Kreuz Jesu die einzige Hoffnung in dieser Zeit des Leidens?

Die Grafik »Kreuze« von Drushba Pankow gibt auf diese Frage keine Antwort. In der Mitte Jesus, der das Kreuz trägt. Darum herum die Kreuzesform in verschiedenen Konstellationen: auf einem Rote-Kreuz-Fahrzeug im Kriegseinsatz. Daneben eine Menge gleichartiger Kreuze, wie man sie von Soldatenfriedhöfen kennt. Auf der linken Seite Kreuze, an denen vielleicht Menschen gekreuzigt wurden, hängt doch an einem von ihnen noch ein Gewand. Zum Vordergrund hin verändert sich mit der Perspektive die Farbe hin zu einem metallischen Blutrot. Gekreuzte Schienen und Eisenträger ragen bedrohlich dem Betrachter entgegen. Ganz vorne dann noch ein kleines Kreuz an einer Halskette.

Der erste Eindruck ist: Es geht um den Zusammenhang von Kreuz und Gewalt. In Zeiten des Krieges verband sich wohl mit dem Kreuz irgendwie eine Hoffnung oder ein Trost. Warum sonst wusste man auf die Soldatenfriedhöfe kein anderes Symbol als das Kreuz zu setzen? Warum nehmen so viele Kriegerdenkmäler das Kreuz als Motiv? Das Rote Kreuz steht für Menschlichkeit inmitten des Gemetzels. Folgt man aber der Bewegung der Grafik, die von der Vergangenheit in die Gegenwart geht, so ist diese tröstliche Aussage des Kreuzes geschwunden. Mit stahlharter Brutalität hat das Kreuz eine rein technische Funktion bekommen. Die blutrote Farbe der Schienen und Träger affiziert auch schon das Kreuz, das Jesus festhält. Sein Querbalken trägt die Farbe des Blutes auch in jene Zeiten, wo das Kreuz noch als Ausdruck von Trost und Menschlichkeit gegolten hat. Ist dieser Trost durch das Kreuz als irrig erwiesen? War es eine irrige Hoffnung, die man auf das Kreuz gesetzt hatte?

Jesus verkündigte das bald kommende Reich Gottes. Aber es ist nicht gekommen. Stattdessen verwickelte er sich in immer härtere Auseinandersetzungen mit seinen Gegnern. Sein Wort an die Jünger, sich mit Geld und Vorratstasche auszurüsten und sich ein Schwert zu besorgen, notfalls, indem sie ihren Mantel dafür in Zahlung geben (Lk 22,36), könnte darauf hindeuten, dass er zum Schluss einen bewaffneten Aufstand im Sinn hatte. Aber davon kam er wohl wieder ab. Als die Frau im Haus des Simon ihn mit kostbarem Nardenöl zum Messias salbte, verstand und akzeptierte er diese Handlung als seine Salbung zum Begräbnis (Mk 14,8). Es war vorbei. Es folgten nur noch die Demütigungen und Qualen, die ein zum Tod am Kreuz Verurteilter zu erdulden hatte. Dann

sein Tod in Gottverlassenheit. Der Evangelist Markus, der darüber unter dem Eindruck des unerhört blutigen jüdisch-römischen Krieges (66–70 n. Chr.) schreibt, gibt zu verstehen, dass das Evangelium vom Reich Gottes nicht mehr aussagbar ist. Die Frauen am Grabe fliehen entsetzt und voller Schrecken, als ihnen der Engel vom Auferstandenen spricht.

Die Theologie hat sich seit ihren Anfängen bemüht, das Scheitern Jesus in einen Sieg, seine Niederlage in die Erlösung umzudeuten. Das war es, was sie hauptsächlich gemacht hat und weswegen es sie überhaupt hat geben müssen. Sie erklärte seinen Tod als stellvertretendes Sühneopfer oder als das Leiden, das der Herrlichkeit vorangeht. Die Grafik will zeigen, so verstehe ich es, dass diese Umdeutungen nicht mehr tragen. Übrig bleiben die blutroten Stahlbalken, die unhintergehbare Realität der Gewalt.

Das Reich Gottes ist nicht gekommen, weder zu Jesu Lebzeiten noch danach, bis heute nicht. Der christliche Glaube hat eine unfassbare Enttäuschung zu verarbeiten. Es sind ja auch die hochgemuten Verheißungen der Propheten von einem Reich, in dem Gerechtigkeit und Frieden sich küssen, vom himmlischen Hochzeitsmahl, von den Schwertern, die zu Pflugscharen umgeschmiedet werden, vom Frieden zwischen Mensch und Tier alle nicht in Erfüllung gegangen. Die Gläubigen haben mit Enttäuschungen ohne Ende zurechtkommen müssen und müssen es noch.

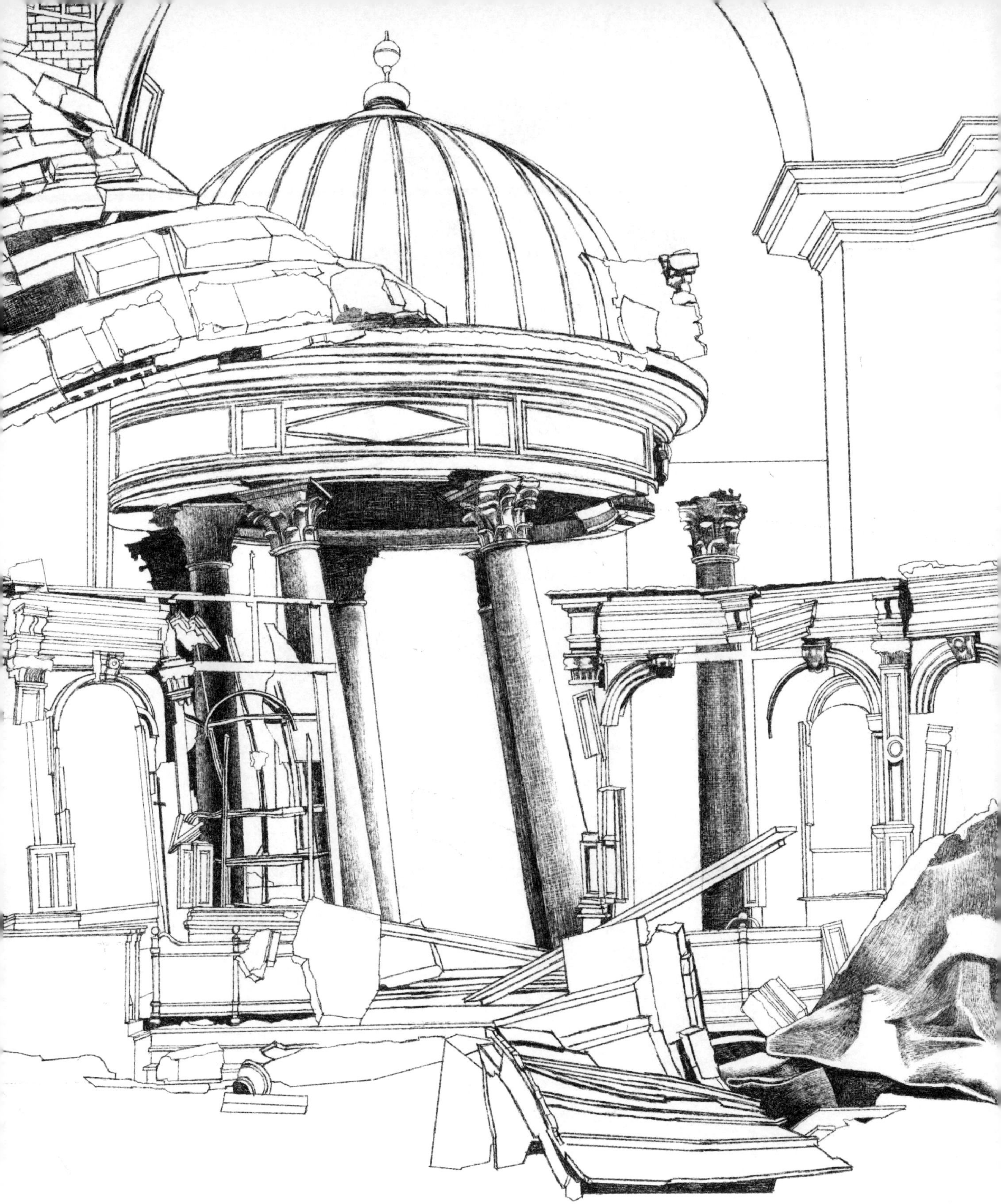

Verklärungskathedrale
von Odesa / Odessa nach den
russischen Luftangriffen in der
Nacht zum 23. Juli 2023

42

Raketen 9M55 des russischen Mehrfach-raketenwerfersystems »Smertsch« BM-30, eingeschlagen in einem Wohngebiet in der Ukraine

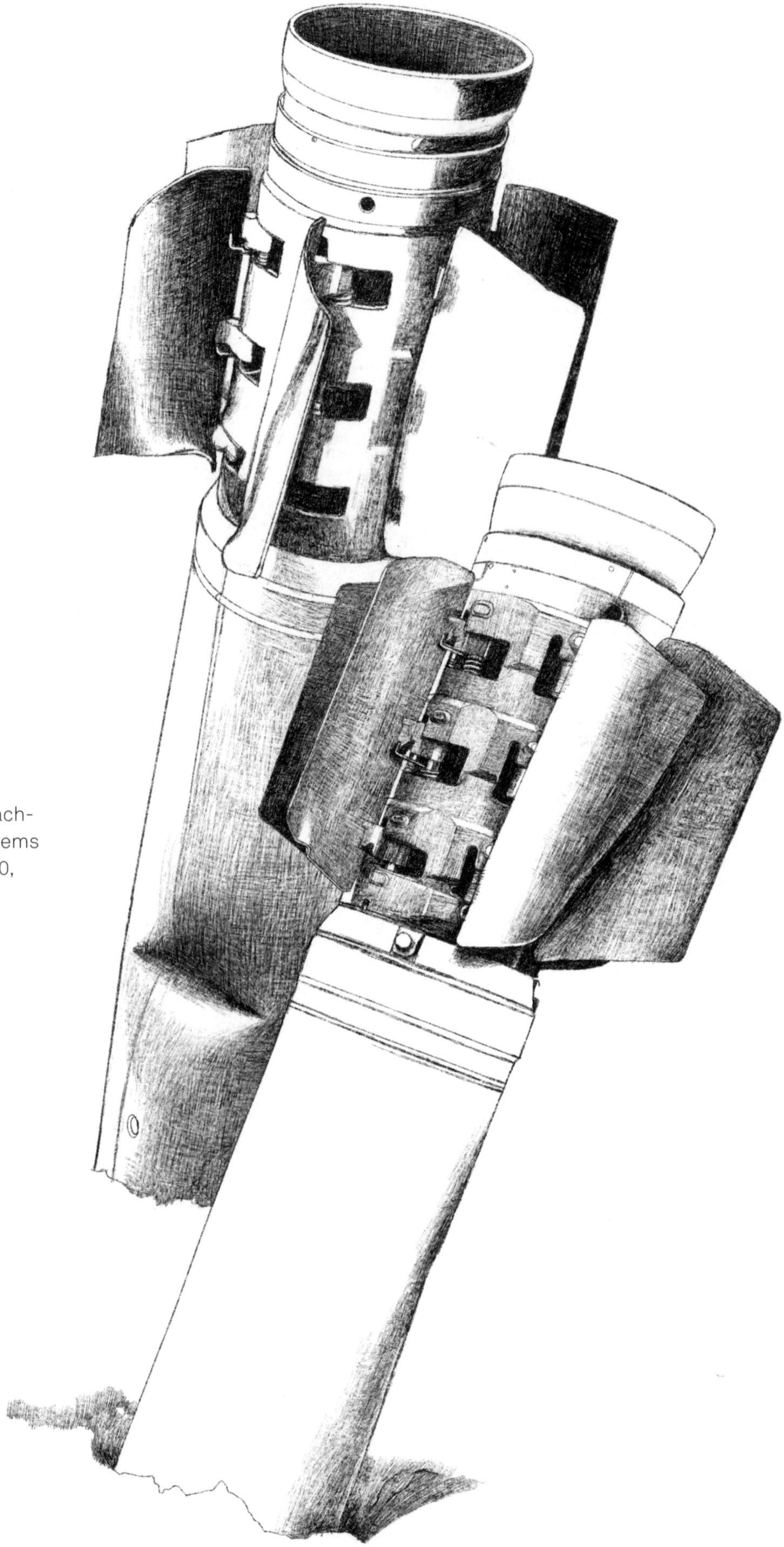

Und sie haben es geschafft, irgendwie. Ist es das, was das Christentum groß macht: diese Fähigkeit, Enttäuschungen, Erfahrungen des Scheiterns, Niederlagen der Hoffnung auszuhalten und doch weiter zu hoffen, wider alle Hoffnung?

In der Mitte der Grafik das Gesicht Jesu. Sein Blick: enttäuscht und niedergeschlagen, das kann schon sein, aber nicht verzweifelt. Wissend, von einer gefassten, zutiefst menschlichen Schönheit, die auch unter dem Kreuz, das er trägt, nicht erlischt. Gesicht und Gestalt Jesu strahlen in heller Farbe durch das Bild, erreichen auch noch die blutroten Eisenbalken, die für die Gegenwart stehen. Jetzt verstehe ich mein Wandkreuz besser: einzige Hoffnung in dieser Zeit des Leidens!

Die Erwartung des Reiches Gottes hat auch das Projekt der Neuzeit bewegt. Was von Gott her verheißen war, aber von ihm nicht kam, nahmen nun die Menschen selbst in die Hand: Gerechtigkeit, Frieden, Wohlstand für alle, vermittelt durch Fortschritt, Menschenrechte, Gewaltenteilung und Demokratie. Die große nachchristliche Vision, wesentlich inspiriert vom christlichen Glauben. Heute droht sie zu scheitern; oder sie ist schon gescheitert. Jesus, der gescheiterte Messias, ist da ganz in seinem Element. Und die, die sich auf ihn berufen.

Nennen wir den Glauben ein Enttäuschungsmanagement. Aber das erforderte eine Ehrlichkeit, die dem Christentum bislang fremd ist. Die Grafik von Alexandra Kardinar und Volker Schlecht ist geeignet, sie zu erwecken. Ich verstehe sie als Aufforderung, auch in unseren Tagen ein Kreuz um den Hals zu tragen.

Dr. Thomas Ruster, geboren 1955, war bis zu seiner Emeritierung Professor für Dogmatik am Institut für katholische Theologie der TU Dortmund.

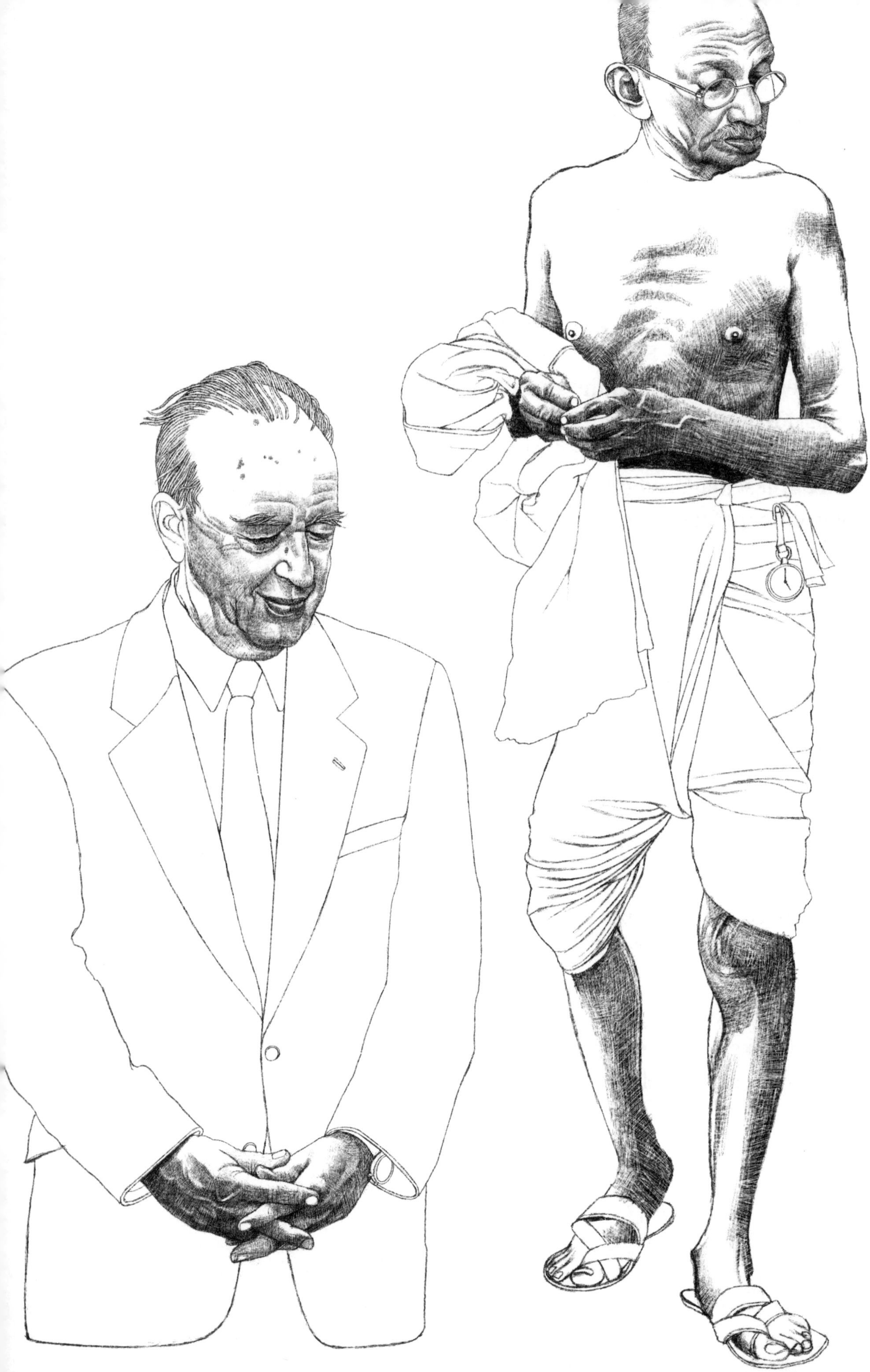

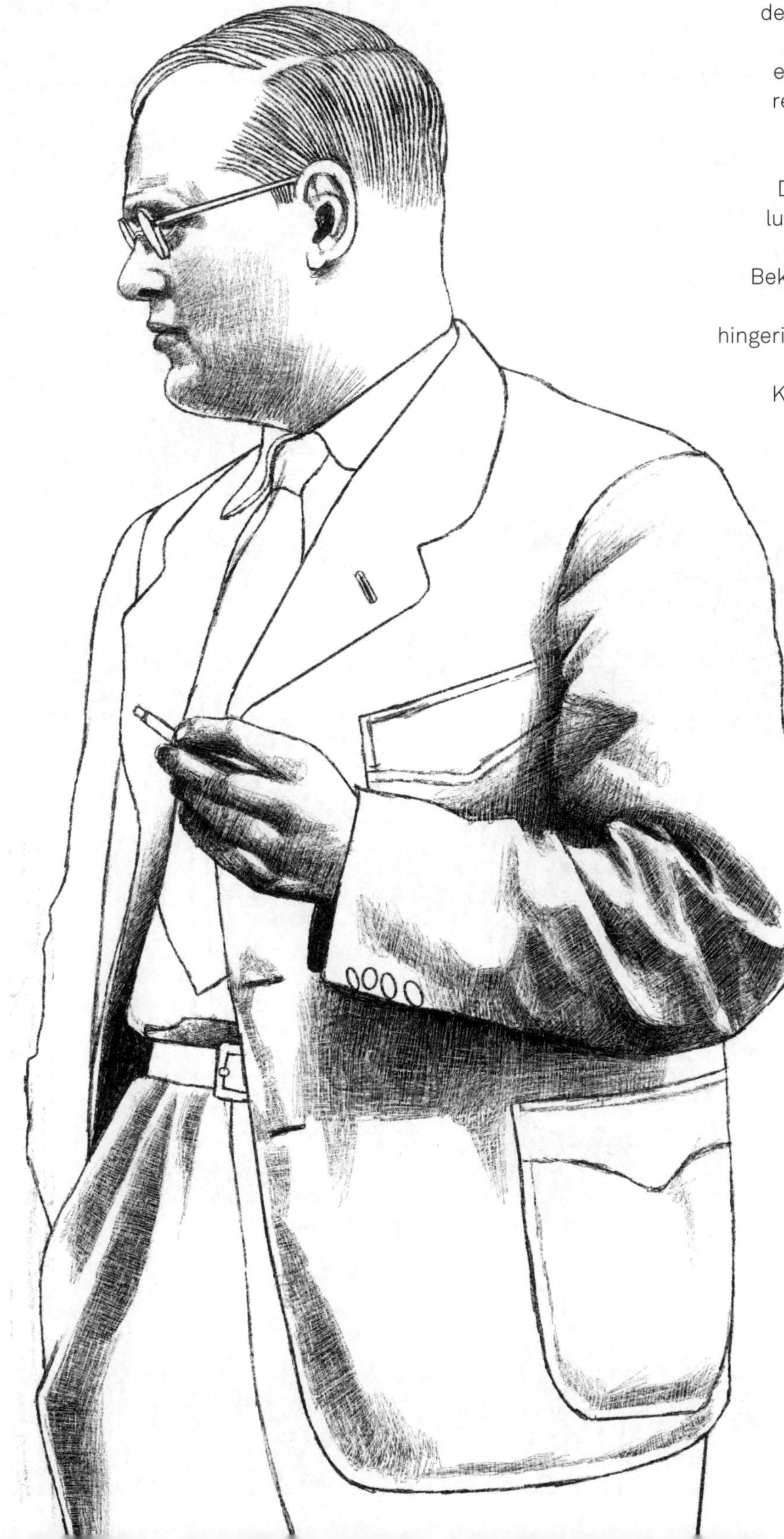

←←
»Mahatma« Gandhi (1869–1948), Pazifist und Anführer der indischen Unabhängigkeitsbewegung, erschossen von einem Hindu-Nationalisten

Jitzchak Rabin (1922–1995), als israelischer Ministerpräsident einer der wichtigsten Protagonisten des »Oslo-Friedensprozesses« zur Lösung des Nahostkonflikts, erschossen durch einen national-religiösen israelischen Studenten

↙
Dietrich Bonhoeffer (1906–1945), lutherischer Theologe, Mitgründer des Pfarrernotbunds und der Bekennenden Kirche im Widerstand gegen den Nationalsozialismus, hingerichtet auf ausdrücklichen Befehl Hitlers kurz vor Kriegsende im Konzentrationslager Flossenbürg

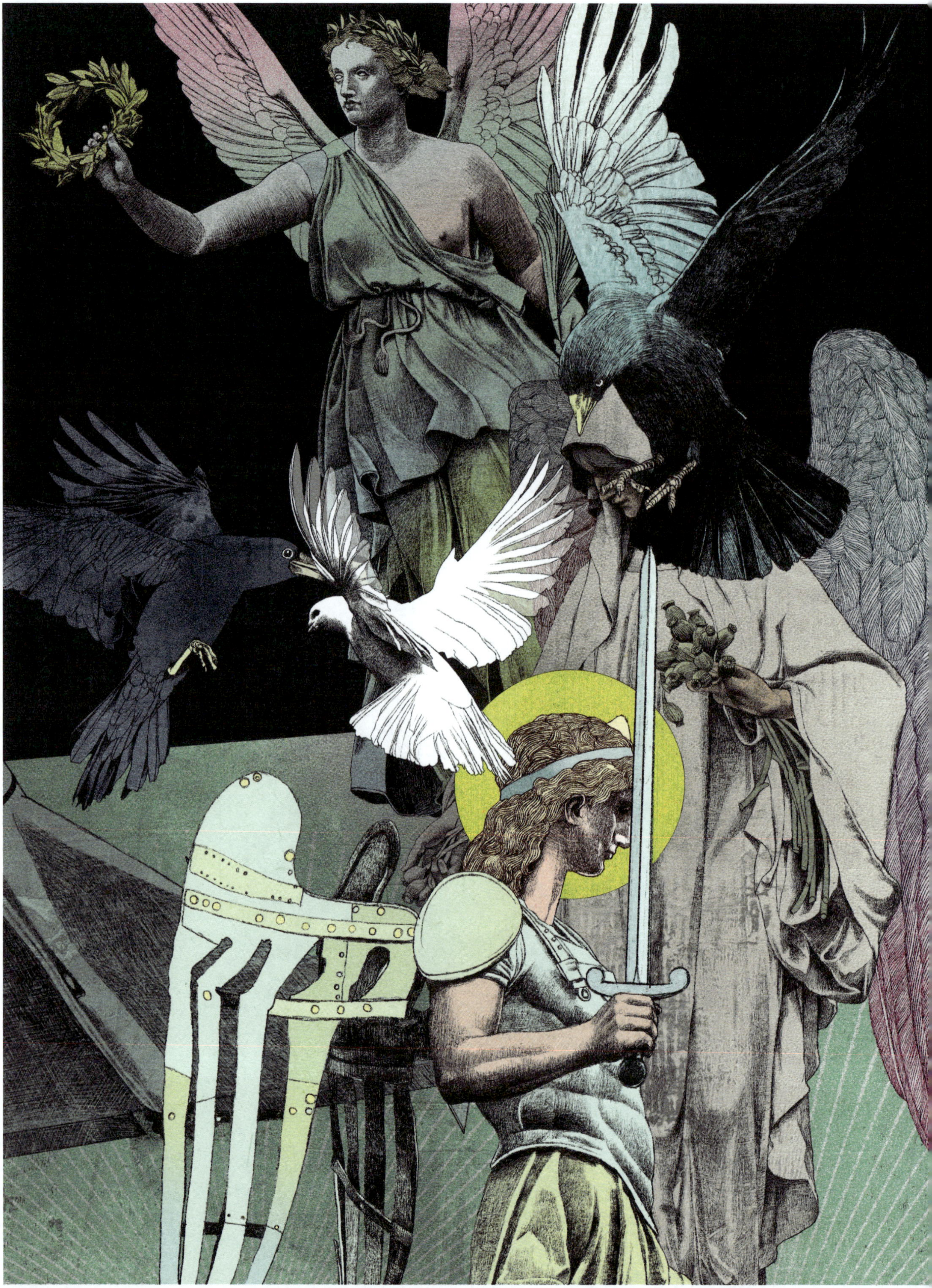

Engel

Martin W. Ramb

Vor pechschwarzem Hintergrund spielt sich in der Bildmitte eine dramatische Szene ab. Zwei mächtige Krähen bedrängen und attackieren eine allein fliegende weiße Taube. Sie haben die Taube zwischen sich genommen, in die Enge getrieben und trachten ihr nach dem Leben. Zwei kräftige Krähen gegen eine wehrlose Taube. Ihre spitzen Schnäbel sind zu allem entschlossen, sie lauern auf den richtigen Moment, um mit ihren Hackwerkzeugen zuzuschlagen und der Taube blutende Wunden zuzufügen. Das makellose Weiß ihres Gefieders wäre dann schnell blutrot gefärbt. Die Krallen der Krähen dienen als zusätzliche Waffen in diesem ungleichen Kampf. Noch scheint der Ausgang dieser tierischen Luftschlacht nicht entschieden. Man glaubt die Dramatik förmlich zu hören: das heftige Flügelschlagen und das anhaltende Krächzen der schwarzen Unglücksvögel, die ihren Namen dem Mark und Bein erschütternden lauten Krächzen verdanken. Vielleicht gelingt es der Taube, dem Angriff der schwarzen Vögel zu entkommen und zu überleben. Sich gegen die Angreifer zu wehren, liegt nicht in der Natur der Taube, sie ist kein Raubvogel wie die beiden Krähen. Tauben, besonders wenn sie makellos weiß sind, gelten als Boten des Friedens und der Hoffnung.

Denken wir nur zurück an die biblische Geschichte der Sintflut und von Noahs Arche. Nachdem es nach 40 Tagen endlich aufgehört hatte zu regnen, ließ Noah drei Tauben fliegen: Die erste kam mit leerem Schnabel zurück, die zweite brachte ihm einen Ölzweig, und die dritte kehrte nicht mehr zurück. Die Taube mit dem Ölzweig im Schnabel wurde so zur ersten Friedenstaube. Ihr mitgebrachter Zweig steht für das Ende der tödlichen Sintflut und für das Leben. Er kündet davon, dass Gott Frieden mit den Menschen geschlossen hat und ein Freund des Lebens ist.

Die Taube als Friedens- und Lebensbotin zwischen Himmel und Erde. Und die Krähen? Sie haben einen zweifelhaften Ruf, gelten in der germanischen Mythologie als Begleiter des Kriegsgottes Wotan oder Odin und sind Todesvögel, die Unglück und Leid ankündigen. Als Papst Franziskus im Januar 2014 beim Angelusgebet auf dem Petersplatz zum Frieden in der Ukraine aufrief und zwei Kinder im Beisein des Papstes je eine weiße Taube als Zeichen des Friedens aus dem Fenster des Apostolischen Palastes fliegen ließen, wurden diese kurz nach ihrem Aufstieg von einer Krähe und einer Möwe heftig attackiert, so dass die Tauben Federn lassen mussten und nur mit großer Mühe der bedrohlichen Situation entkommen konnten.

Was für ein starkes Symbol für unsere unfriedliche Zeit! Krieg und Frieden. Krähen und Tauben. Schwarz und Weiß. Tod und Leben. Seit Anbeginn der Menschheit ist der Friede bedroht und ohnmächtig. Friede ist kein Naturzustand und keine Selbstverständlichkeit, sondern muss tagtäglich errungen, verteidigt und erfleht werden: *»Verleih uns Frieden gnädiglich, Herr Gott zu unsern Zeiten. Es ist doch ja kein andrer nicht, der für uns könnte streiten, denn du, unser Gott alleine«*, dichtete Martin Luther und erinnert uns daran, dass wahrer Friede nur von Gott kommen kann. Friede ist wie die Liebe eine Himmelsmacht und nur bedingt »herstellbar«. Frieden braucht vor allem eine Haltung gegenüber der Welt und den Menschen, die von Wohlwollen, Liebe und Gottesfurcht geprägt ist. Wie schnell eine Friedensordnung, die auf Verträgen und gegenseitigen Abmachungen beruht, torpediert werden und schließlich zusammenbrechen kann, erleben wir gegenwärtig in Echtzeit. Die sicher geglaubte Nachkriegsordnung wird durch das aggressiv-kriegerische Verhalten Russlands gegenüber der Ukraine mit Füßen getreten und in ihrem Kern bedroht. Drohungen bis hin zum Einsatz von Atomraketen ersetzen Argumente. Lange Zeit unvorstellbar, aber diese Zeiten lehren uns, dass das Unvorstellbare Wirklichkeit werden kann.

DrushbaPankow drücken diese ursprüngliche Bedrohung des Friedens aber nicht nur durch den Luftkampf der Vögel bildlich aus, sondern sie ziehen mit den drei Engelsfiguren noch eine weitere Deutungsebene ein. Wir sehen den heiligen Michael mit Schwert und Panzer, einen Friedhofsengel mit einem Strauß Schlafmohn und einen Siegesengel, der einen Lorbeerkranz als Zeichen des Sieges in der Hand hält. Ergänzt werden die geflügelten Wesen durch den Flügel einer Drohne in der unteren Bildhälfte.

Die Figurationen der Engel sprechen eine etwas andere Sprache als das Symbolwesen der unschuldigen weißen Taube, deren weiße Farbe auch für das Gute, die Reinheit und das Licht steht und die nicht zufällig in der christlichen Ikonographie die göttliche Person des Heiligen Geistes illustriert. Engel als himmlische Boten gelten in den abrahamitischen Religionen als Hoffnungsträger. Sie verkörpern die Hoffnung auf eine himmlische tatkräftige Unterstützung, auf ein göttliches Eingreifen, das für die Menschen die Wende zum Guten bringt und sie auf den rechten Weg führt. Ohne von Engeln ausdrücklich zu sprechen, bringt die Jüdin Anne Frank in einer ihrer Tagebuchnotizen diese Hoffnung auf eine grundlegende Wende zum Ausdruck, die nur vom Himmel kommen kann, wenn sie formuliert: *»Ich sehe, wie die Welt langsam immer mehr in eine Wüste verwandelt wird, ich höre den anrollenden Donner immer lauter, der auch uns töten wird, ich fühle das Leid von Millionen Menschen mit. Und doch, wenn ich zum Himmel schaue, denke ich, dass sich alles wieder zum Guten wenden wird, dass auch diese Härte aufhören wird, dass wieder Ruhe und Frieden in die Weltordnung kommen wird.«*[9] Besser kann man das Bild von Drushba Pankow nicht in Worte fassen.

Martin W. Ramb, geboren 1969, ist Leiter der Abteilung Religionspädagogik, Medien und Kultur im Bischöflichen Ordinariat Limburg und Chefredakteur des Kulturmagazins EULENFISCH.

9 Anne Frank, Tagebucheintrag vom 15.07.1944, in: Anne Frank Tagebuch, Fassung von Otto H. Frank und Mirjam Pressler, aus dem Niederländischen von Mirjam Pressler, 11. Auflage, Frankfurt am Main 2007, 309 f.

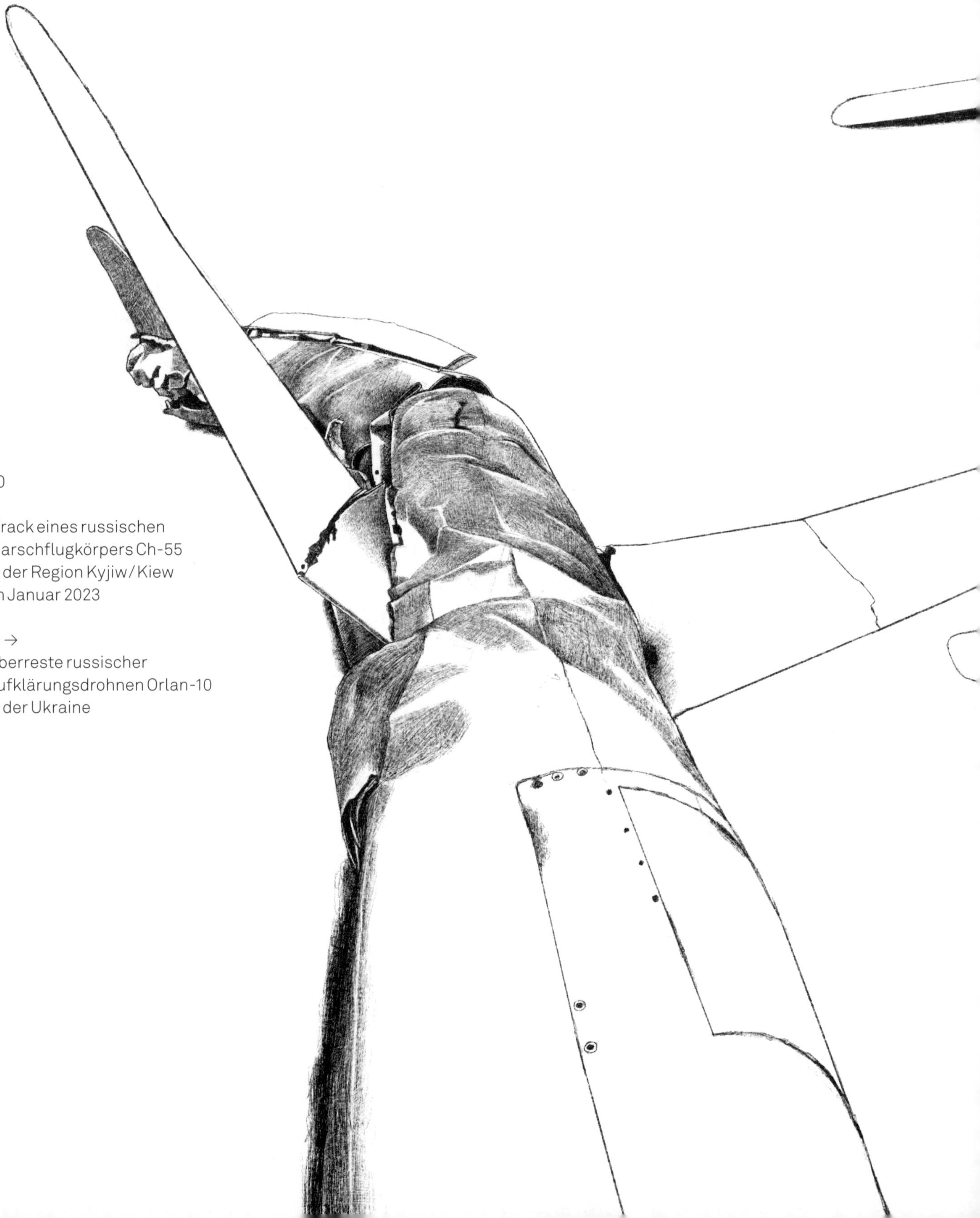

50

Wrack eines russischen Marschflugkörpers Ch-55 in der Region Kyjiw/Kiew im Januar 2023

→→
Überreste russischer Aufklärungsdrohnen Orlan-10 in der Ukraine

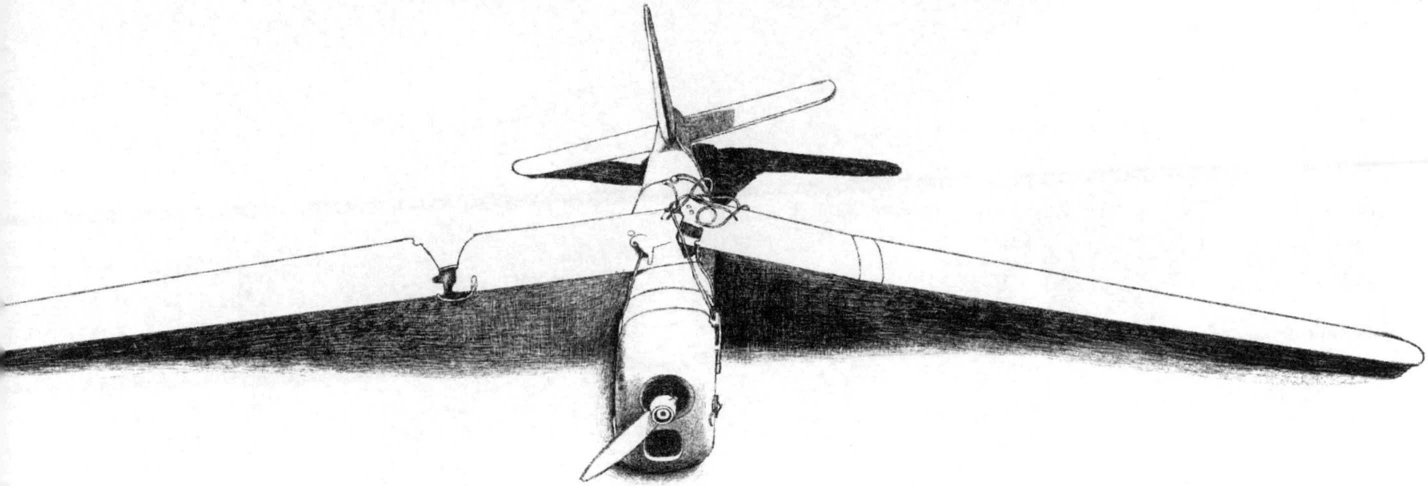

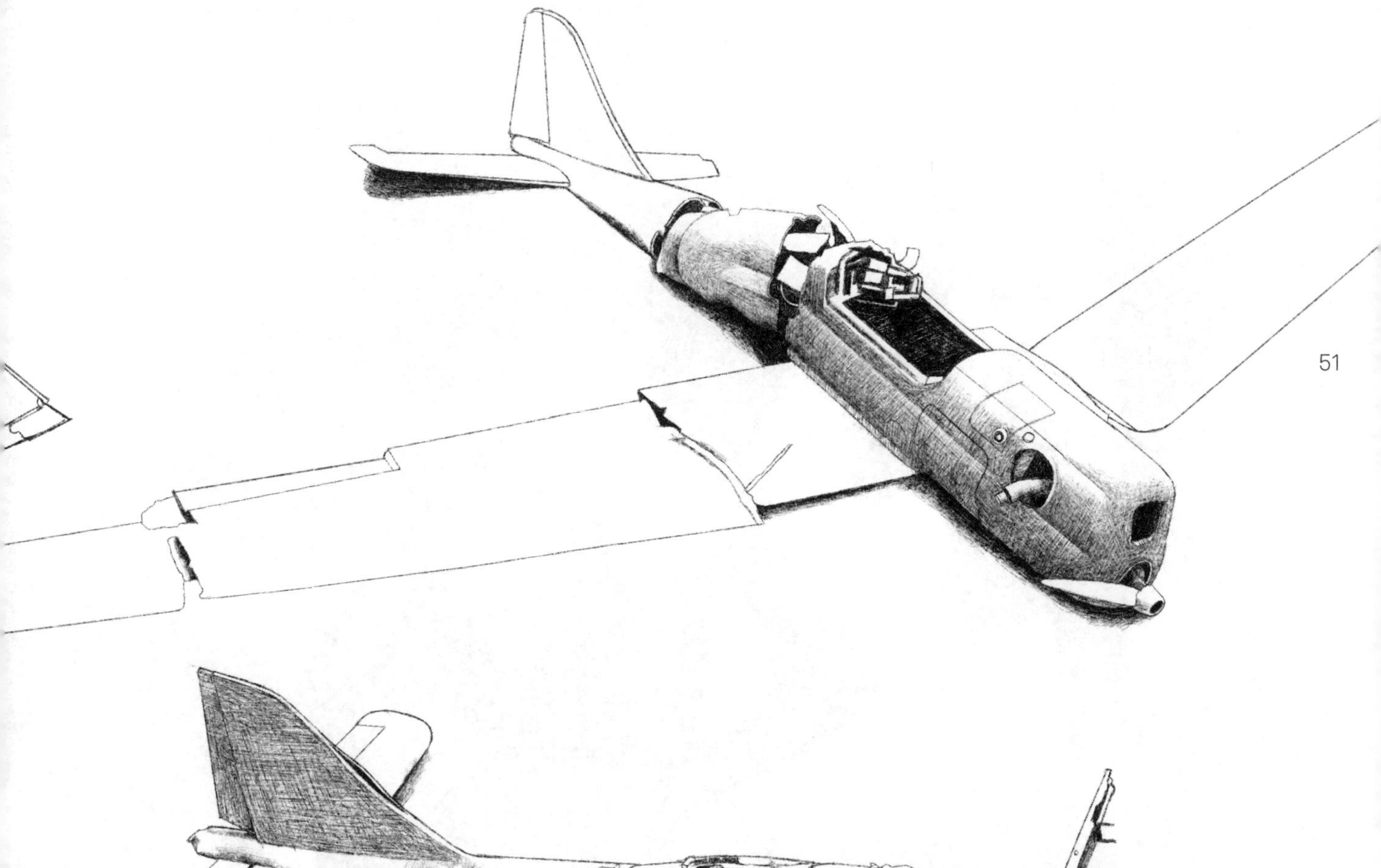

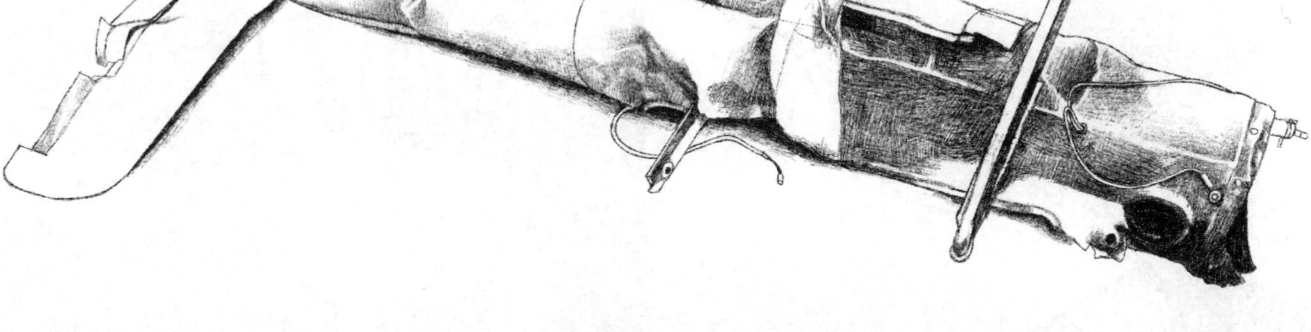

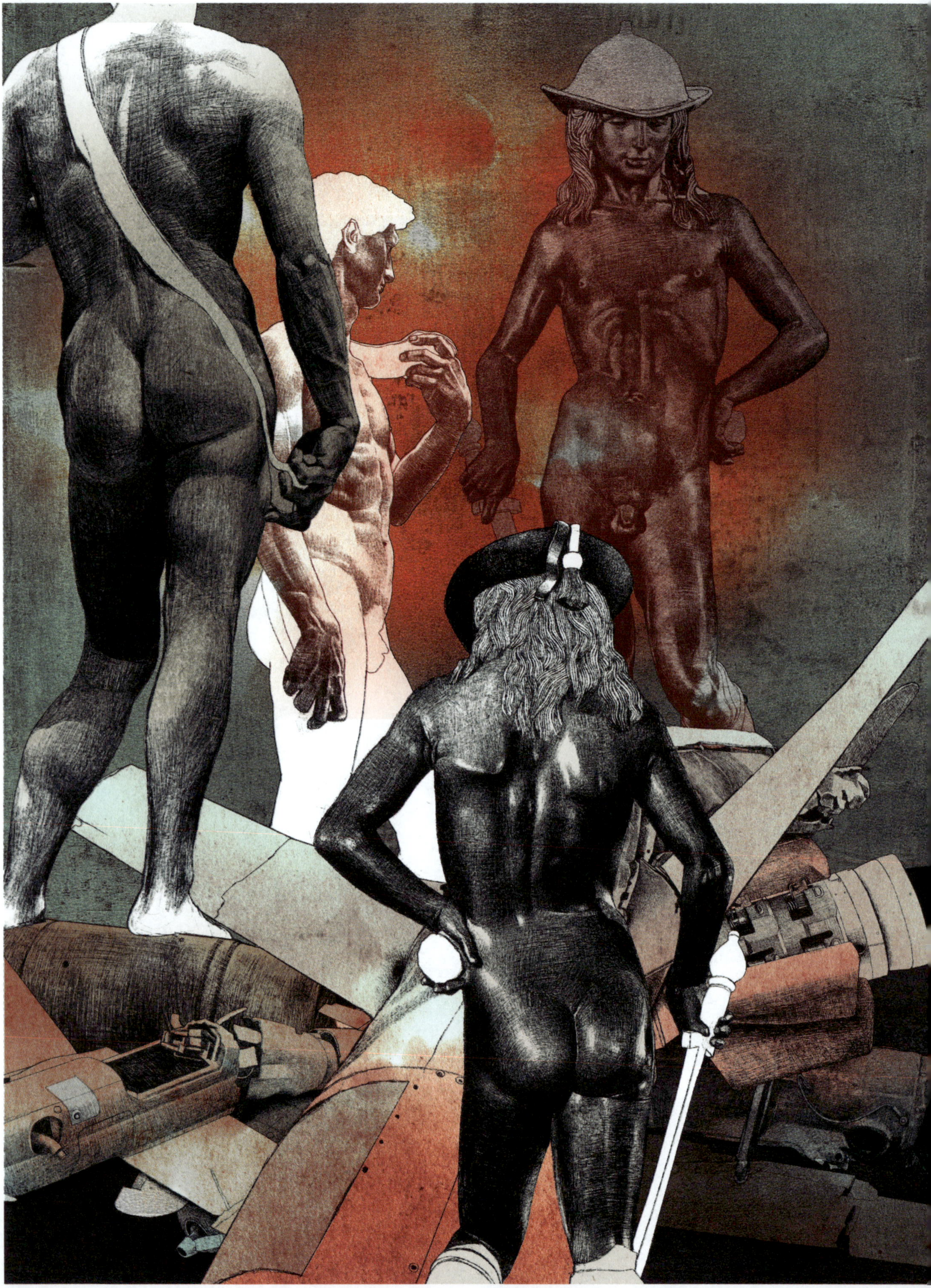

David ohne Goliath ist kein Held!

Yvonne Dohna Schlobitten

Alexandra Kardinar und Volker Schlecht zeigen in ihrer Illustration jeweils zwei Ansichten von Donatellos und Michelangelos David inmitten von zerbrochenen Maschinenteilen. Die Skulpturen wirken gemalt, fotografiert, sind im Bildraum verteilt und teilweise mit roter und weißer Farbe verfremdet. Fiktiv stehen die Figuren auf und zwischen den zerbrochenen Stücken, die an ein abgestürztes Flugzeug erinnern.
In welchem Zusammenhang steht die Strategie dieser zeitgenössischen Kriegsdarstellung mit der Konzeption der Renaissance-Skulptur? Welchen Blick werfen Drushba Pankow auf die beiden paradigmatischen Figuren im heutigen Weltkontext?

David im Kampf gegen Goliath symbolisiert die Überwindung des Bösen schlechthin, doch in diesem Bild fehlt der Feind. Statt triumphierend auf Goliaths Kopf zu stehen, wie es die klassische Ikonographie vorschreibt, stehen die Figuren Davids auf den Trümmern des Flugzeugs. Der Feind ist ein anderer geworden. Es ist eine Maschine ohne Leben.

Die Skulpturen scheinen auch ihrer Männlichkeit und Erotik beraubt. Michelangelos David auf der linken Seite ist wohl als kolossalantike Monumentalfigur in Poliklets Kontrapost dargestellt, und gleichzeitig sind noch im gotischen Stil Teile des Körpers, wie die Hände, vergrößert, um die Spannung auf den Wurf des Steins zu lenken.
Die dicken Adern unter der Hauptoberfläche zeugen von der Lebendigkeit des Augenblicks, doch Kardinar und Schlecht unterbrechen diese Präsenz, indem sie Michelangelos David »enthaupten«. Das Haupt Davids, die Krönung der *compositio*, ist abgeschlagen. Der Sitz des leidenschaftlichen, ja wilden Geistes und des scharfen, furchterregenden Blicks ist »enthauptet«, die Figur damit »versteinert« und wird zum Denkmal auf einem Sockel aus Trümmern. Wachsen die neuen Heroen aus den Trümmern hervor? Eingefroren steht Michelangelos Ideal vor uns. Schön, aber kraftlos, fast bedeutungslos. Ist er zum enthaupteten Goliath geworden?

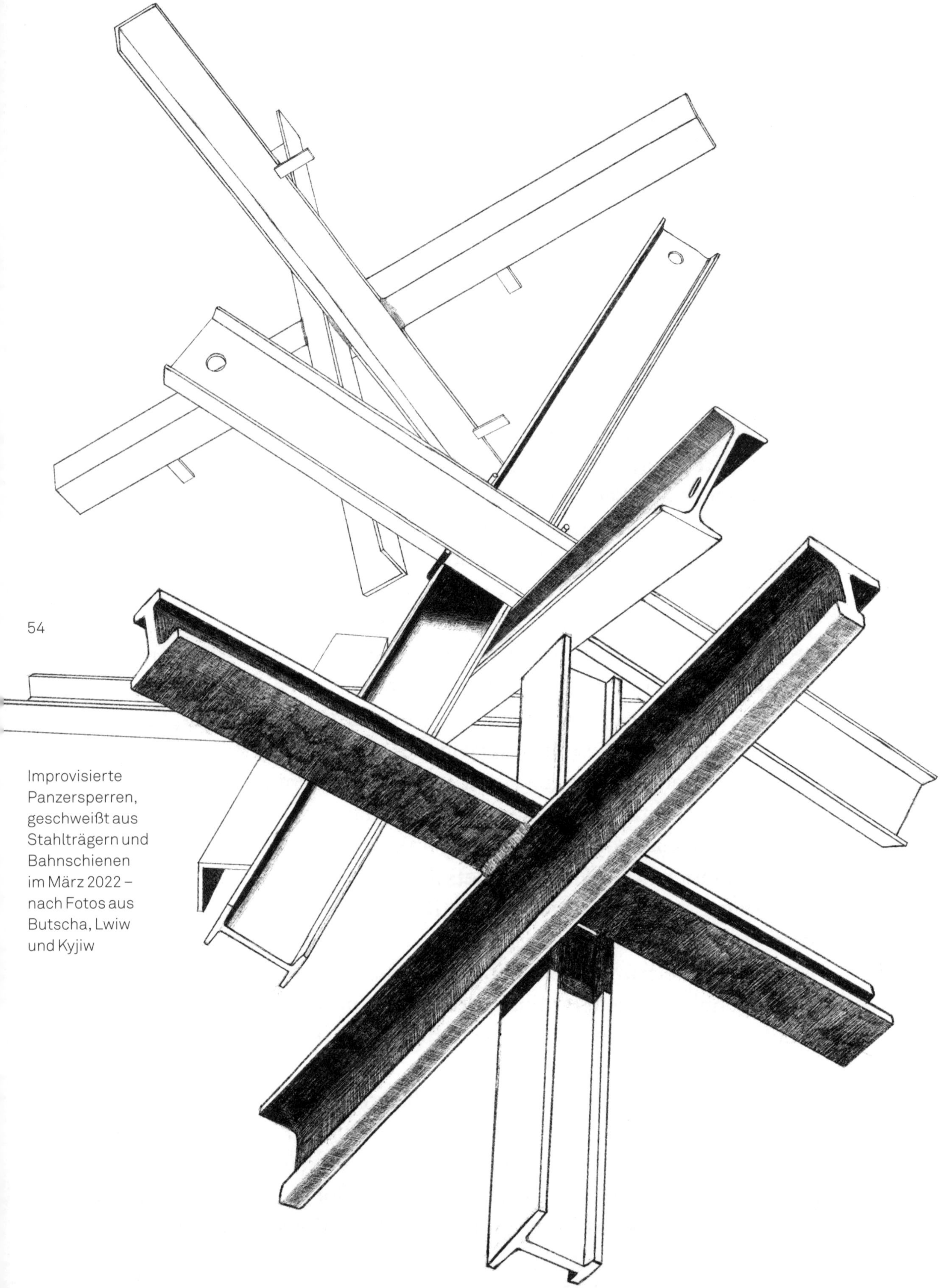

Improvisierte Panzersperren, geschweißt aus Stahlträgern und Bahnschienen im März 2022 – nach Fotos aus Butscha, Lwiw und Kyjiw

Im Gegensatz dazu ist Michelangelos zweite Darstellung des David von den Beinen aufwärts in weiße Farbe getaucht, die wie ein gleißendes Licht bis zum Kopf aufsteigt und die Figur in einem blutroten Wolkenschleier wie eine Lichtsäule aus den Trümmern aufsteigen lässt. Sein Blick erhebt sich über die »zerbrochenen Teile«. Es ist eine neue Männlichkeit, die uns hier begegnet, eine Männlichkeit, die langsam transparent wird. Sie hat etwas Unwirkliches. Sie wird zum Schein und löst sich auf. Kann dieser David noch kämpfen? Oder ist es ein transzendenter Kampf?

Bei Donatellos David sind die Waffen, der Stein und das Schwert, weiß hervorgehoben, aber leer. Als wäre der Stein hohl. Keck, frech, den Arm leicht in die Hüfte gestützt, zeigt Donatello eine platonische Schönheit, die sich mit seiner erotischen Verführung mischt. Doch die Künstler wählen in ihrer Illustration einen Ausschnitt, der das gesenkte Haupt betont. David, am vorderen Bildrand stehend, blickt auf die Trümmer hinab. Wir sehen ihn von hinten. Er wirkt nachdenklich und mit seinen »hohlen« Waffen wehrlos. Im Gegensatz dazu ist die Vorderansicht im Bildhintergrund ganz in Rot gehüllt, mehr noch, seine Körperoberfläche ist rot, die Bronze wird zu rohem Fleisch. David ist verletzt. Ist er das Opfer?

Wenn wir diese Bilder sehen, denken wir an die barbarischen Taten im Museum von Mossul, wo Mitglieder der Dschihadistenmiliz IS mit Vorschlaghämmern und Bohrern die Kulturgüter aus altorientalischer Zeit zertrümmern. Die Begründung? Der Prophet habe ihnen befohlen, Statuen und Reliquien zu zerstören. Die blutrote Farbe, die die Davidsfiguren auf dem Bild umgibt, versteht man nun als Zeichen ihres Todes. Damit sei klar, so die Generaldirektorin der UN-Organisation für Erziehung, Wissenschaft und Kultur der UNESCO, Irina Bokova, dass es sich um mehr als eine kulturelle Tragödie handele – es sei auch eine Frage der Sicherheit. Es entsteht Hass.

Viel schlimmer noch ist die Assoziation, die die Illustration auslöst. Wir denken an die Bilder der Menschen, die nach ihrer Verschleppung wie Trophäen durch die Straßen von Palästina geführt wurden. »Ich war kein Mensch«, heißt es immer wieder von den Opfern. Und die Menschen feiern diese Zurschaustellung. Geschieht das nicht auch hier in der Illustration?

Durch all diese inhaltlichen und formalen Eingriffe fordern die Illustratoren den Betrachter auf, seine kulturelle Vergangenheit in der gegenwärtigen Situation zu reflektieren. In der Zeit Michelangelos und Donatellos sollte das Kunstwerk durch den »appellativen« – affektiven Ausdruck der Darstellung zum Betrachter »sprechen«, ihn emotional einbeziehen und eine unmittelbare Teilhabe zwischen der Welt des Bildes und der Welt des Betrachters herstellen. Während Alberti in der Renaissance die Wirklichkeit der Darstellung als *»legitime Konstruktion«* erklärt, die weder Schattenbild noch Täuschungsbild ist und Kunst so zu einer Form des Wissens, einer Matrix des Verstehens und Denkens der Realität wird, wandelt sich die zeitgenössische Darstellung durch den surrealen Blick von Alexandra Kardinar und Volker Schlecht. Die Spannung der Renaissance-Figuren mit den realen Welt-Fragmenten macht sie zu wirklichen Menschen, zu Betrachtern und Protagonisten des Geschehens, dem wir nicht nur passiv beiwohnen können. Die beiden setzen die Figuren in Beziehung zu sich selbst, ihrer Vergangenheit, ihrer heutigen Rezeption und thematisieren so ihre Rolle im heutigen Krieg. Gleichzeitig lösen sie sie auf, verändern sie und setzen ihren durch die Theorie der Renaissance ethisch und moralisch geprägten Blick in einen Gegensatz zu unserer eigenen Ethik. In dieser Spannung wird der Betrachter nicht nur zum Nachdenken gezwungen, nicht nur provoziert oder berührt, sondern er erfährt sich selbst in seiner Welt-Anschauung.

Dr. Yvonne Dohna Schlobitten, geboren 1966, ist Professorin für Geschichte, Ästhetik und Spiritualität der Kulturgüter der Kirche an der Päpstlichen Universität Gregoriana.

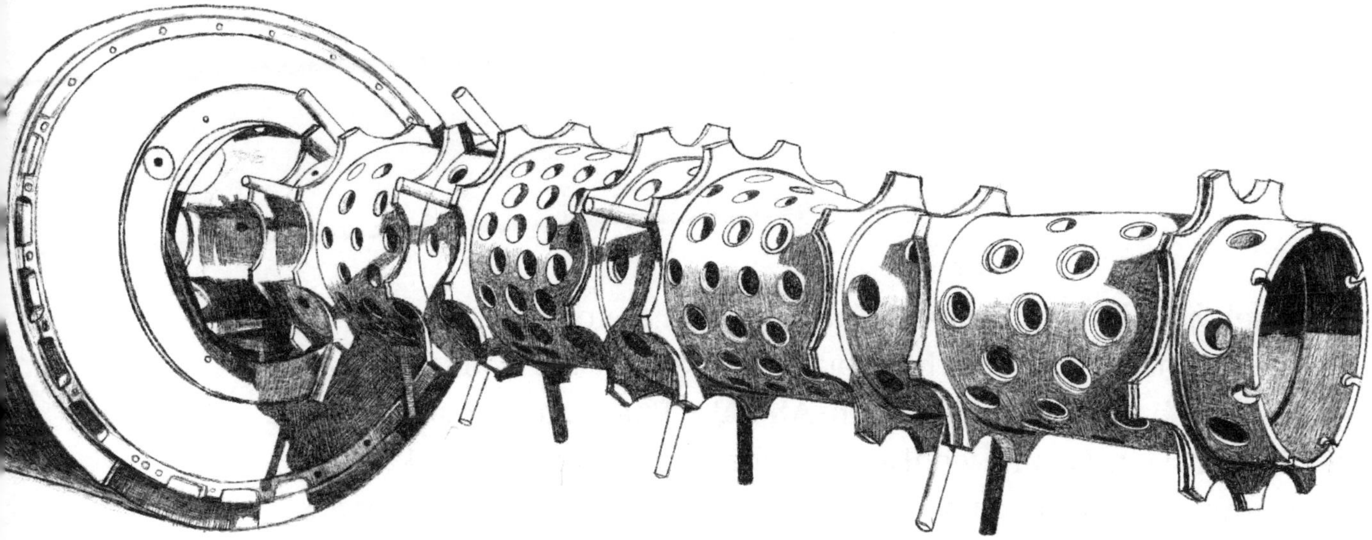

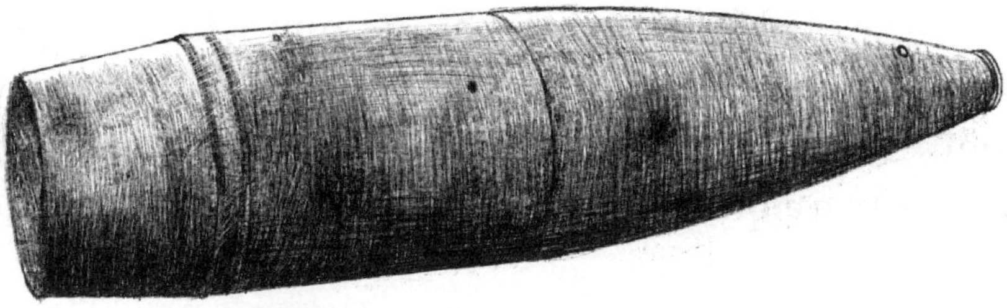

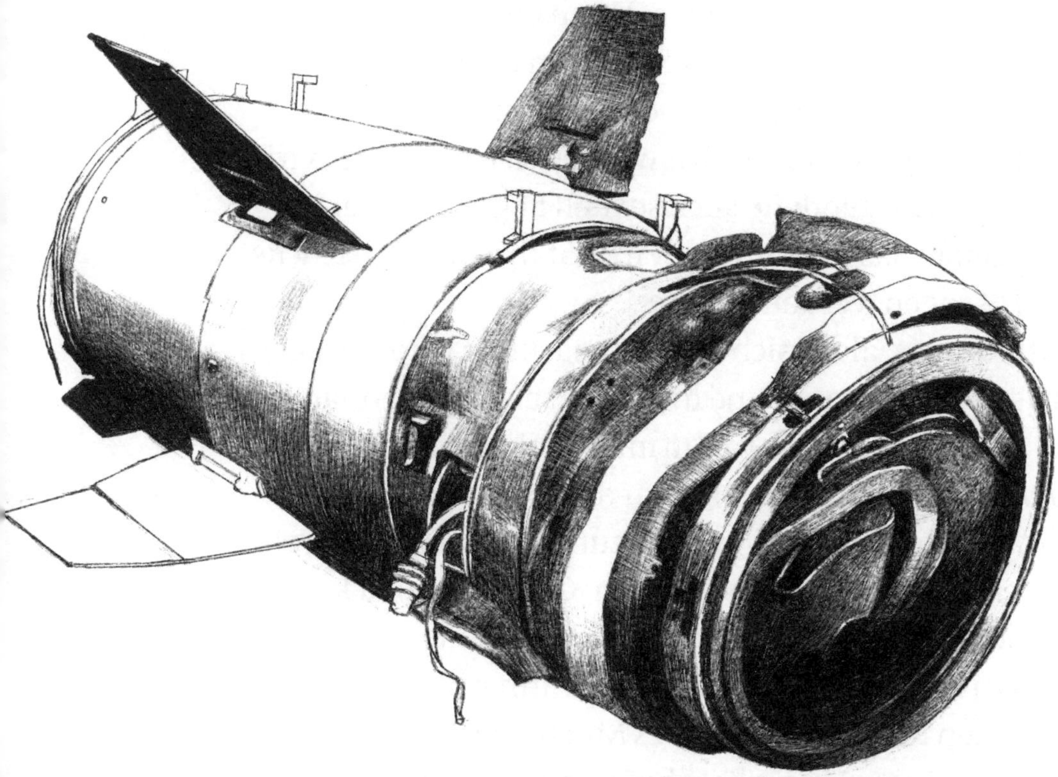

↖

Wrack einer russischen Rakete Iskander-M (9M723) mit Gefechtskopf für Streumunition

↖

russischer Munitionsrest in Isium im Dezember 2022

←

Heckteil einer ballistischen Rakete vom Typ 9M79-Totschka, die u. a. beim Angriff auf den Bahnhof von Kramatorsk am 8. April 2022 eingesetzt wurde, bei dem 57 Menschen ums Leben kamen

Männer

Joachim Valentin

Wer bei *Machismo* vor allem an Spanien und Lateinamerika denkt, folgt nur einer etymologischen Spur. Zwar kommt das Wort von dort, von spanisch »*macho*« = männlich. Aber das Phänomen ist universell, gefährlich, ja im 20. und wohl auch wieder im 21. Jahrhundert katastrophal, universell zerstörerisch und scheinbar unausrottbar. Millionen von (Kriegs-) Toten, Verfolgten und Unterdrückten können ein Lied davon singen, oder eben nicht, weil sie brutal zum Schweigen gebracht wurden: Nach dem nicht nur bolschewistischen Prinzip »Keine Person – kein Problem«, dem gerade wieder der Christ und Freiheitskämpfer Alexei Nawalny im traditionsreichen sibirischen Gulag zum Opfer gefallen ist.

Wir sehen nackte Männeroberkörper, zunächst ganz fotorealistisch, die wir eigentlich gar nicht sehen wollen. Denn bis auf die archetypisch machistisch interpretierte Herkules-Statue im Hintergrund sind alle gezeigten »Herren« in die Jahre gekommen, also eigentlich nicht mehr »attraktiv«, anziehend. Doch sie selbst wollten sich so zeigen: viril, sportlich, leistungsfähig und irgendwie auch sexuell begehrenswert in einem Alter, in dem genau das und mit der Virilität ihre herrscherliche Legitimität in Zweifel gezogen werden könnte.

Wladimir Putin war 65, als er sich 2017 mit nacktem Oberkörper beim Jagen und Fischen fotografieren und die Bilderserie massenhaft verbreiten ließ, Mao Zedong durchschwamm mit 72 Jahren den Jangtsekiang, selbst Benito Mussolini brauchte 1937 auf dem Höhepunkt seiner Macht mit 54 Jahren offenbar keine Wintersportunterwäsche und Leonid I. Breschnew präsentierte seinen über 70-jährigen Körper halbnackt beim Telefonieren. Vom prüden Adolf Hitler, der sein Liebesleben zeitlebens geheim hielt, gibt es kein Nacktbild. Dafür sehen wir ihn in jungenhaften Lederhosen zur kindischen Kenntlichkeit eines Möchtegern-Mannes entstellt, machtvoll aufgeladen vor seinem Berghof und mit Schäferhund.

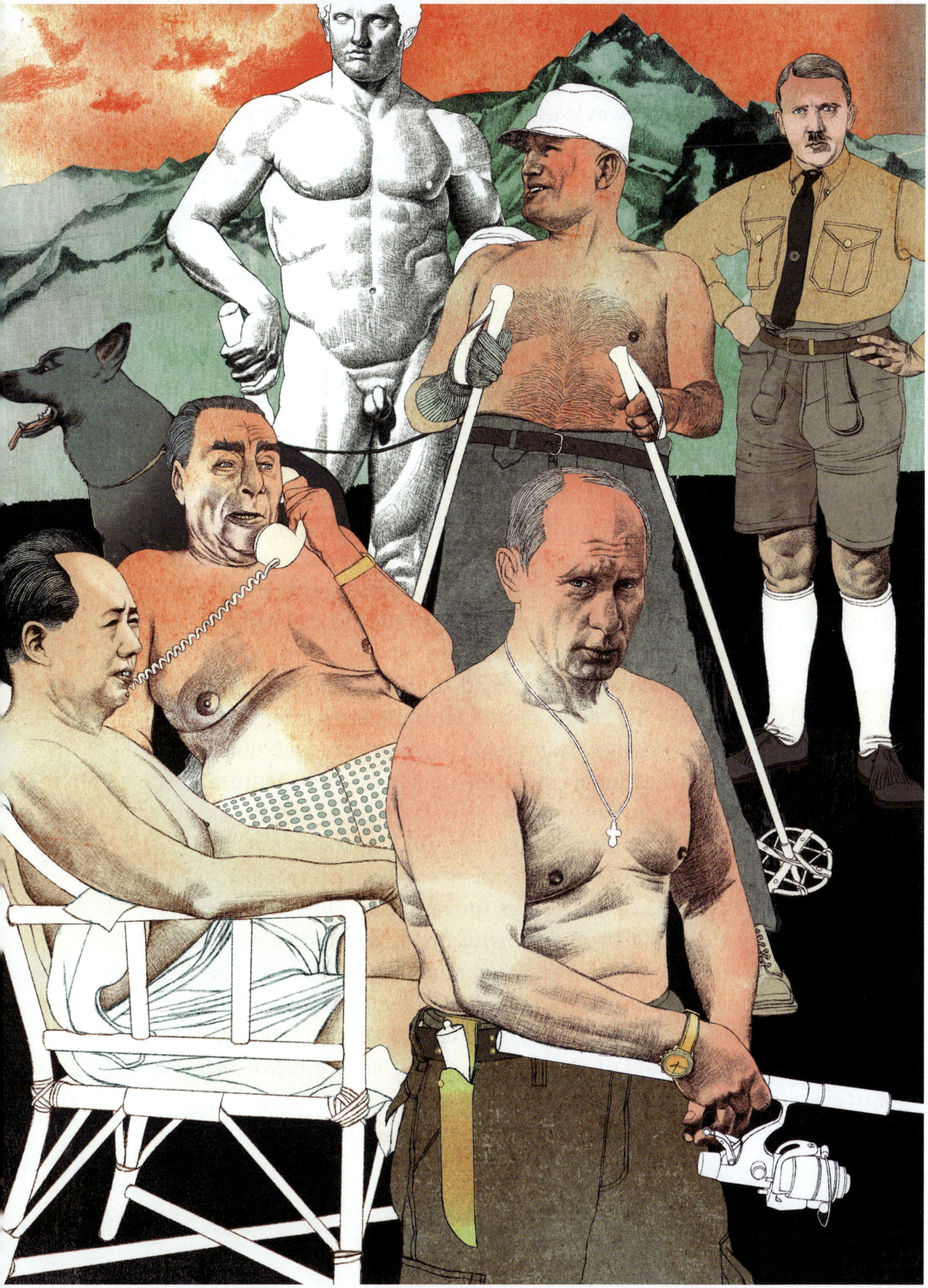

Die Künstler haben hier etwas Wesentliches getroffen und hätten die Galerie sicher noch mit Lenin, Stalin, Tito und anderen Diktatorenbildern ergänzt, wenn es denn etwas Entsprechendes gegeben hätte. Auf den Einsatz einer KI, die das natürlich für jeden Diktator leisten könnte, hat man bewusst verzichtet, denn es ging um die Selbstinszenierung von männlicher Macht. Erst in der Figur des Diktators verschwimmt das Private und Politische vollends. Die Führerfigur braucht den Körper des privaten Macho-Mannes, seine Gesundheit muss die fehlende politische Legitimität ersetzen.

Können wir uns Napoleon oder Kaiser Wilhelm mit nacktem Oberkörper vorstellen? Nein! Denn hier galt noch die Unterscheidung von *»The Kings two bodies«*, die Ernst Kantorowicz für den Feudalismus als strikt getrennte identifiziert hatte: Der öffentliche Körper erschien immer von Uniform, Hermelin und Orden bekleidet, mit Krone, Szepter und anderen Utensilien als Herrscher identifiziert. Der moderne Diktator aber kann und muss auf solcherlei Legitimation verzichten, er inszeniert

sich als Privatmann, als »einer von euch«, ist gerade nicht adeliger Herkunft, sondern Selfmademan, damit allerdings den Kategorien moderner Leistungsgesellschaften, Jugend- und Sport-Fixierung unterworfen. Die Massenmörder des 20. und 21. Jahrhundert werden uns also als Endmoräne einer toxischen Männlichkeit gezeigt, die der bloßen Gewalt huldigt, ohne dies durch ein Gottes- oder Volkes-Gnadentum vestimentär ornamentieren zu müssen.

In seinem epochalen Buch »Der Mensch und die Macht: Über Erbauer und Zerstörer Europas im 20. Jahrhundert« vermerkt der britische Historiker Ian Kershaw 2023: *»Dass bestimmte Einzelne herausragen, zu Berühmtheit gelangen, Macht gewinnen und in der Lage sind, sie auszuüben, um politische Veränderungen zu erreichen, hängt eng mit bestimmten Persönlichkeitszügen, ihnen unterstellter Charakterstärke und individuellen Fähigkeiten zusammen. Üblicherweise bezeichnet man eine solche Persönlichkeit als ›charismatisch‹. Im Allgemeinen besagt dies lediglich, dass jemand in irgendeiner Weise anziehend wirkt.«*

Diese charismatische Attraktivität sehen wir hier unverblümt, nackt ins Bild gesetzt. Es ist die Attraktivität der nackten Macht, die einmal errungen in allen Fällen rational durch nichts als machtvolle Männlichkeit legitimiert nur durch den eigenen Tod beendet werden kann.

Aber zeigen uns die Künstler nicht auch, was das Kind im Märchen von des Kaisers neuen Kleidern sah? Der Diktator ist nackt! Er altert, demonstriert mit letzter Kraft seine Männlichkeit. Er ist auch nur ein Mensch, der sterben wird, dessen Macht (bald) zu Ende geht und im Falle des Gezeigten neben einigen hässlichen Monumentalbauten nur eines hinterlässt: Hekatomben von Toten und damit eine immense Schuld, die das Leben ihrer Nation und aller ihrer Schergen, deren Nachfahren, mehr aber noch ihrer Opfer und deren Kindeskinder auf Generationen vergiftet hat. Woher soll so viel Versöhnung kommen? Das weiß man in China, Russland, Italien und Deutschland bis heute nicht.

Dr. Joachim Valentin, geboren 1965, ist Direktor des »Hauses am Dom« in Frankfurt und apl. Professor für Christliche Religions- und Kulturtheorie an der Goethe-Universität in Frankfurt am Main.

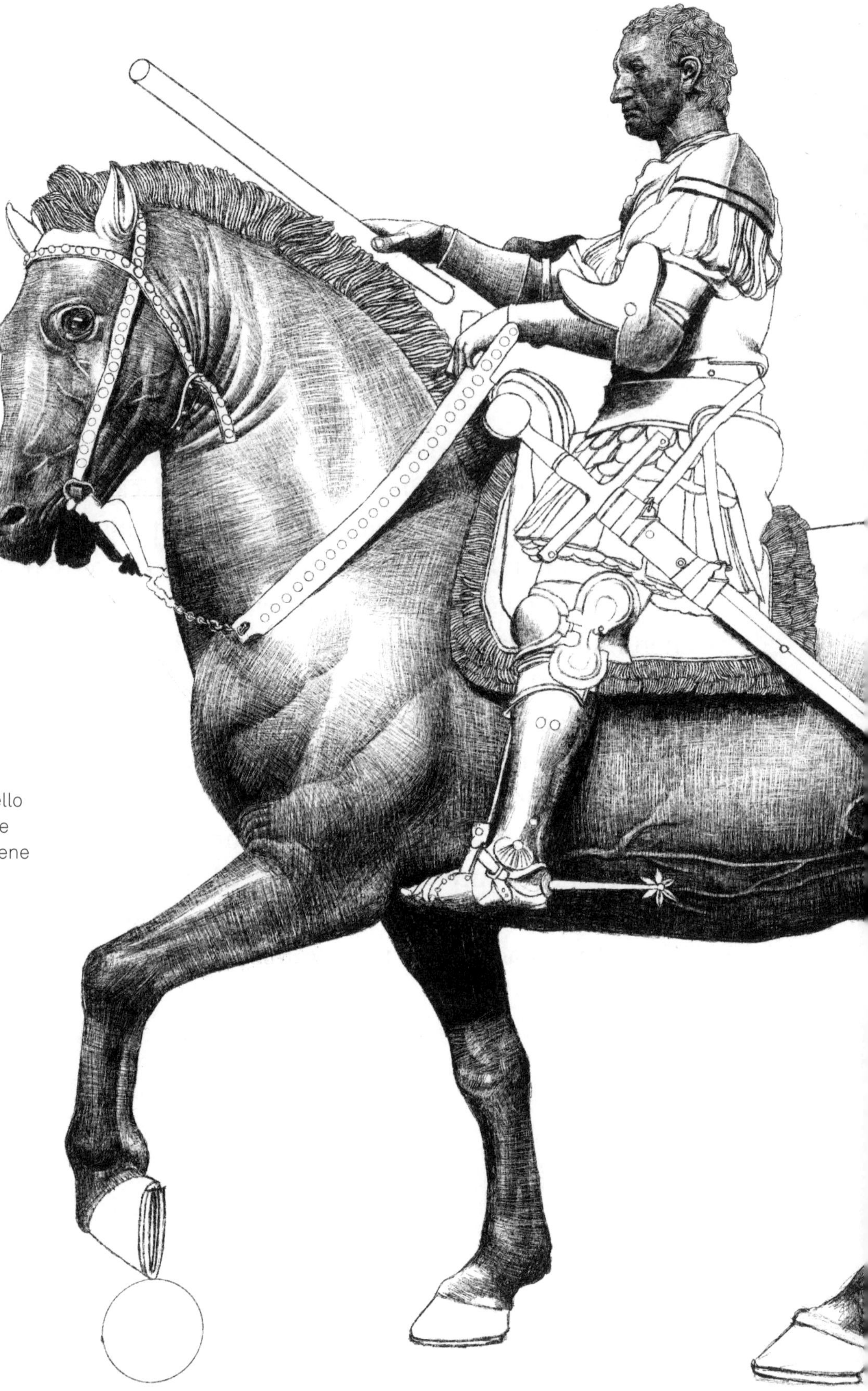

62

Condottiere Gattamelata (1370–1443), Bronze von Donatello (1386–1466) in Padua – das erste in monumentaler Größe gegossene Reiterstandbild seit der Antike

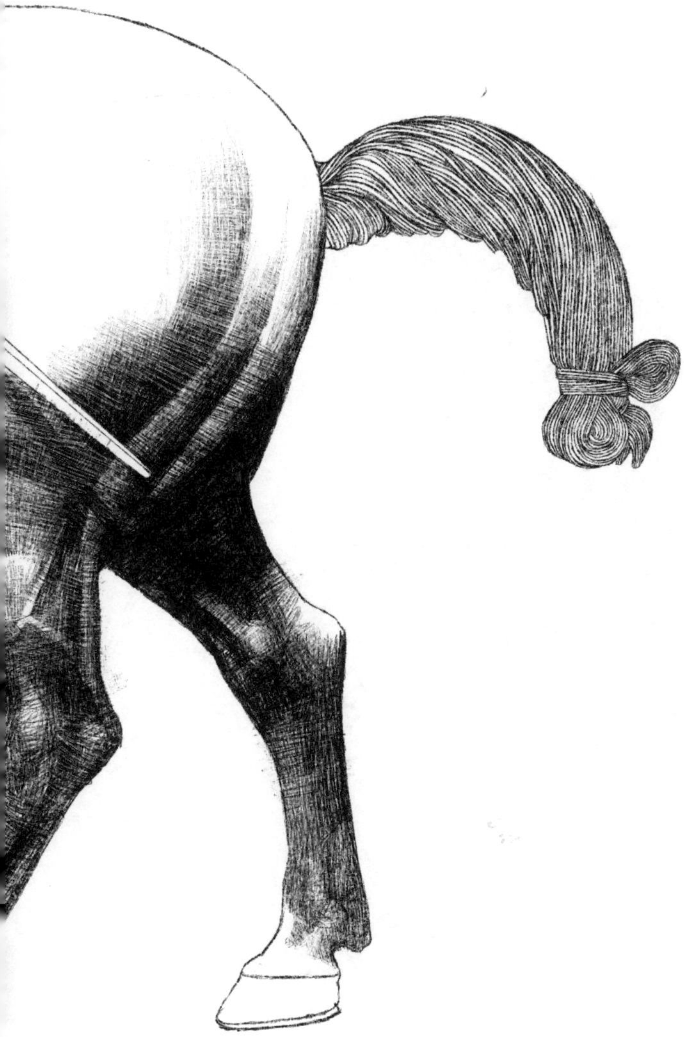

→→
Bronzestandbild für Zar Peter den Großen (1672–1725) in Sankt Petersburg, 1782 errichtet im Auftrag von Katharina der Großen durch Étienne-Maurice Falconet (1716–1791), mit Marie Anne Collot (1748–1821) und Fjodor Gordejew (1744–1810)

↘
»Skeleton of a man, riding the skeleton of a horse« – Zeichnung nach einer anatomischen Lithographie von Benjamin Waterhouse Hawkins (1807–1894)

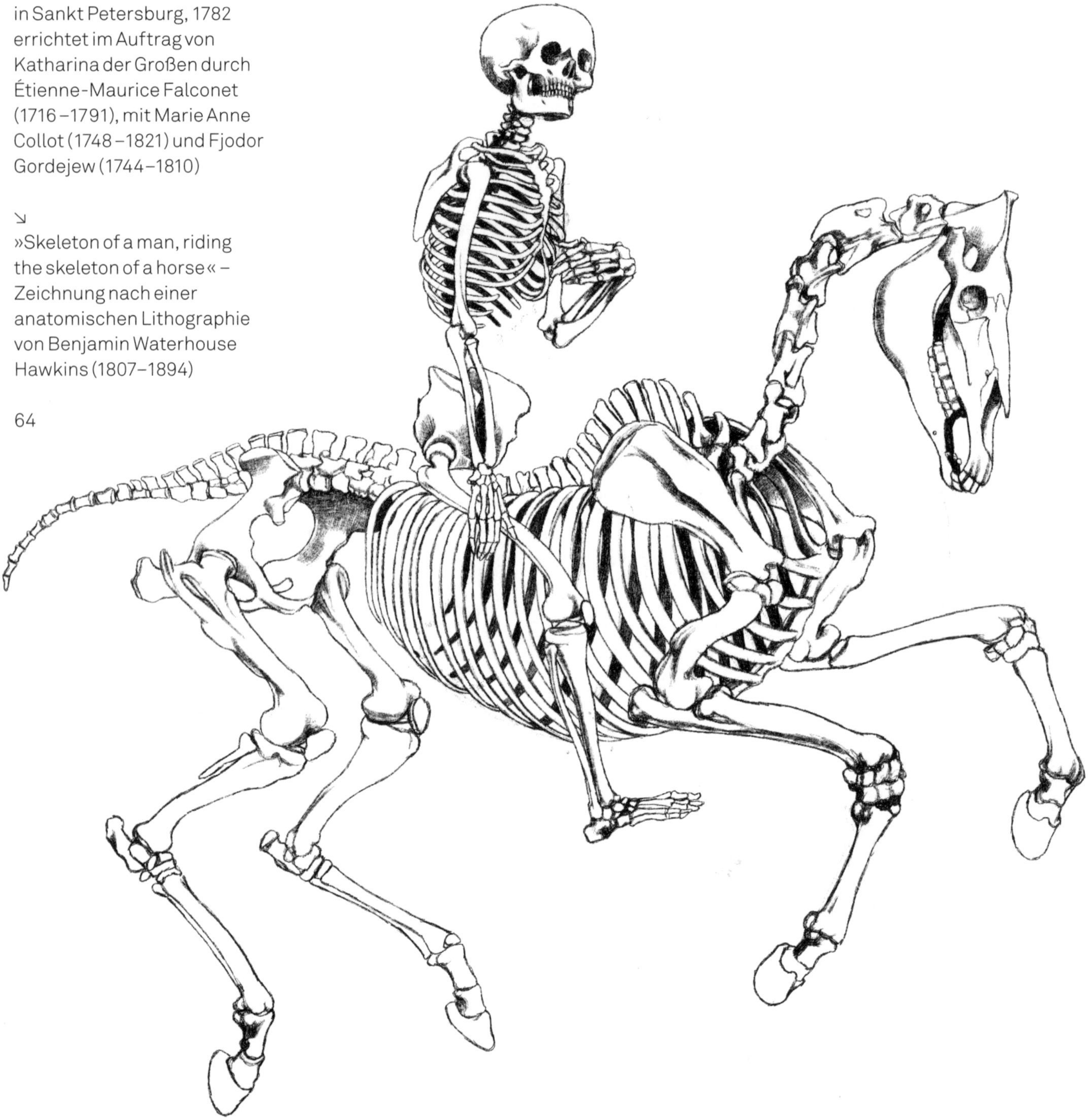

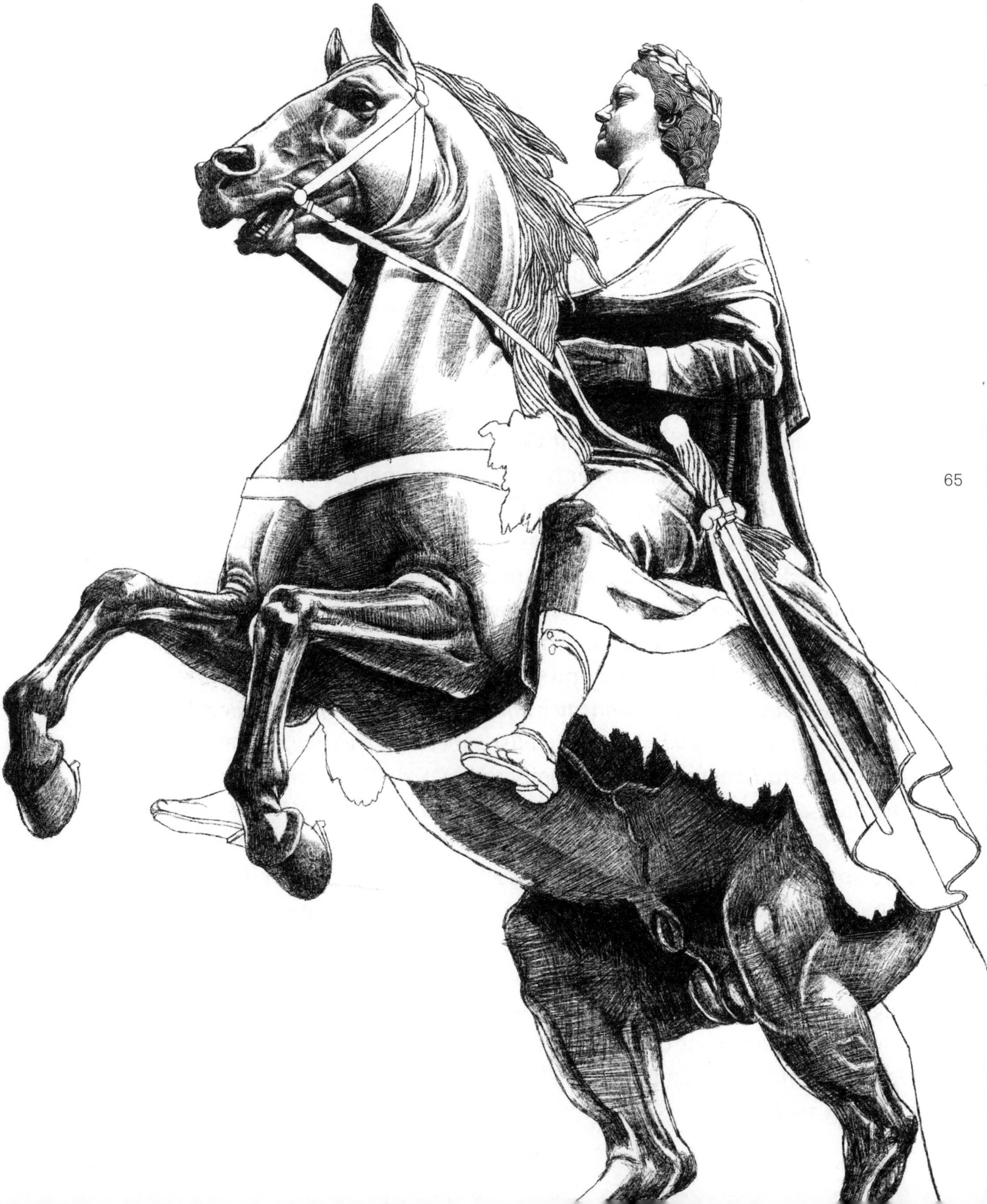

Aus dem Wahn der Waffen aussteigen

Stefan Seidel

Wie waffenstarr liegt die Welt. Martialisch, monströs, megaloman wüten die Waffen an so vielen Orten. Hochtechnisierte Mordwerkzeuge, deren Tötungskapazität immer höher und höher geschraubt wird, gaukeln der Welt das Heil vor: Sicherheit, Schutz, Wehrhaftigkeit, Sieghaftigkeit, Durchschlagkraft, Erfolg, Frieden. Täglich tönen diese Versprechen durch alle Kanäle. Hört und sieht denn keiner die große Versuchung dahinter, den großen Versucher? Er, der *»Fürst dieser Welt«*, triumphiert in diesem grassierendem Wahn, die Welt mit Waffen retten und gestalten zu wollen. Es ist das Wesen des Satans in der Bibel, dass er zunächst unerkannt als Versucher an die Menschen herantritt, als der große Heilsversprecher, dessen Fassade glänzt und dessen Maske makellos ist – dessen wahre Wirkung jedoch die große Durcheinanderbringung, die große Zerstörung und Verwirrung ist, das Unheil. Der Teufel, so heißt es im Matthäusevangelium, führte Jesus auf einen hohen Berg und zeigte ihm alle Reiche der Welt und ihre Herrlichkeit und sprach zu ihm: *Das alles will ich dir geben, wenn du niederfällst und mich anbetest. Da sprach Jesus: Weg mit dir, Satan! Denn es steht geschrieben: Du sollst anbeten den Herrn, deinen Gott, und ihm allein dienen.* Und weiter heißt es: *Da verließ ihn der Teufel. Und siehe, da traten Engel zu ihm und dienten ihm.* (Mt 4,9–11) Wie aktuell ist diese Geschichte. Fantastisch und zwingend erscheinen die Versprechen derer, die auf Waffen setzen: Sieg, Menschenlebenrettung, Freiheit, Sicherheit, Zukunft, schlicht »das Gute« – all das wurde und wird immer wieder und wieder mit den Waffen verbunden. Und so werden sie gebaut und geliefert und eingesetzt und nachgebaut, nachgeliefert und wieder eingesetzt. Und sie türmen sich auf, die Waffenarsenale und die Waffenüberreste, genauso wie die von ihnen verursachten Berge von Toten.
Und deren Blut schreit zum Himmel und keiner hört die Frage Gottes: *»Mensch, wo bist du?«*

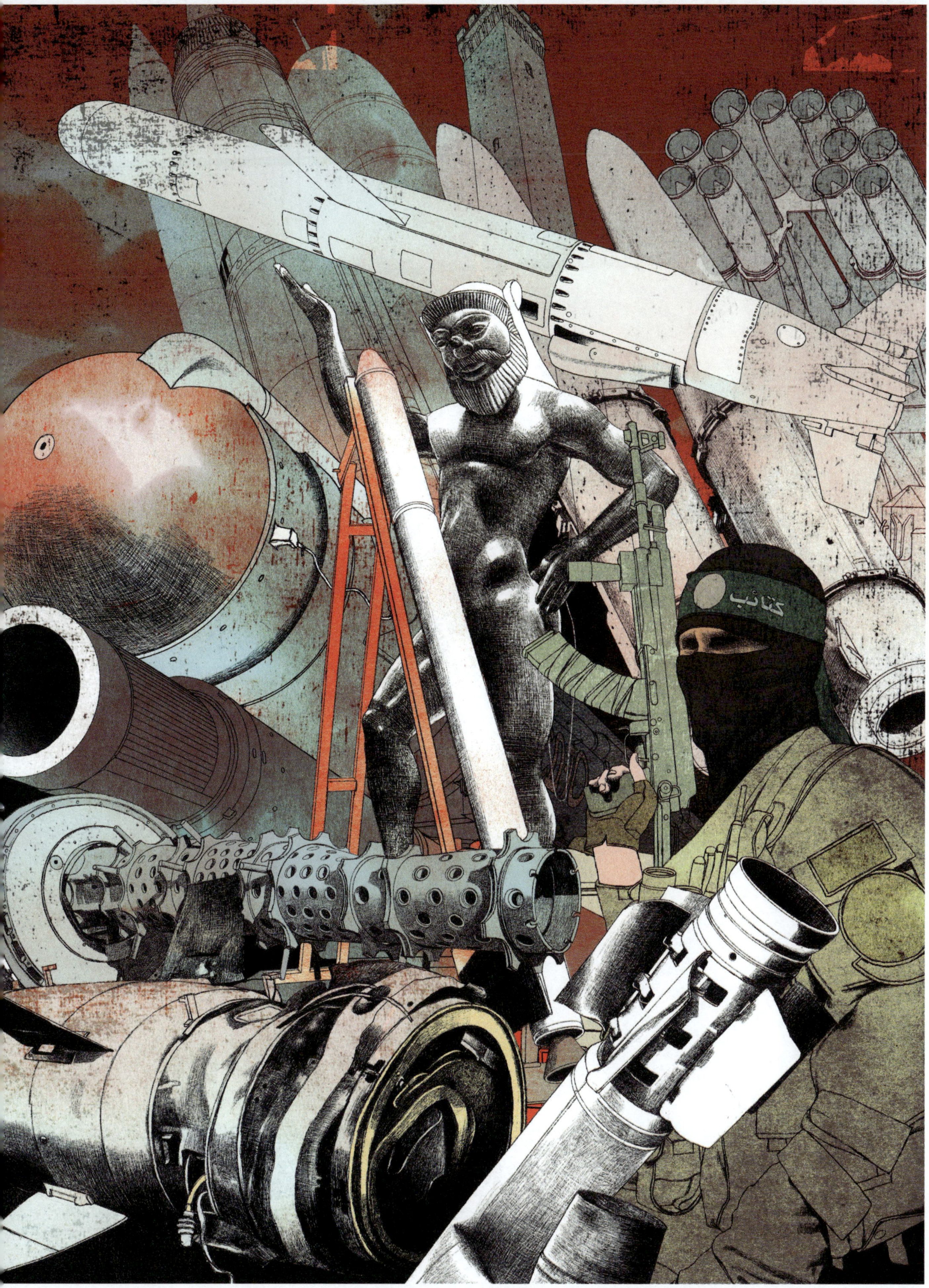
كتائب

Erzengel Michael – nach der Skulptur von Raffaello da Montelupo (1505–1566) im Cortile dell' Angelo der Engelsburg in Rom

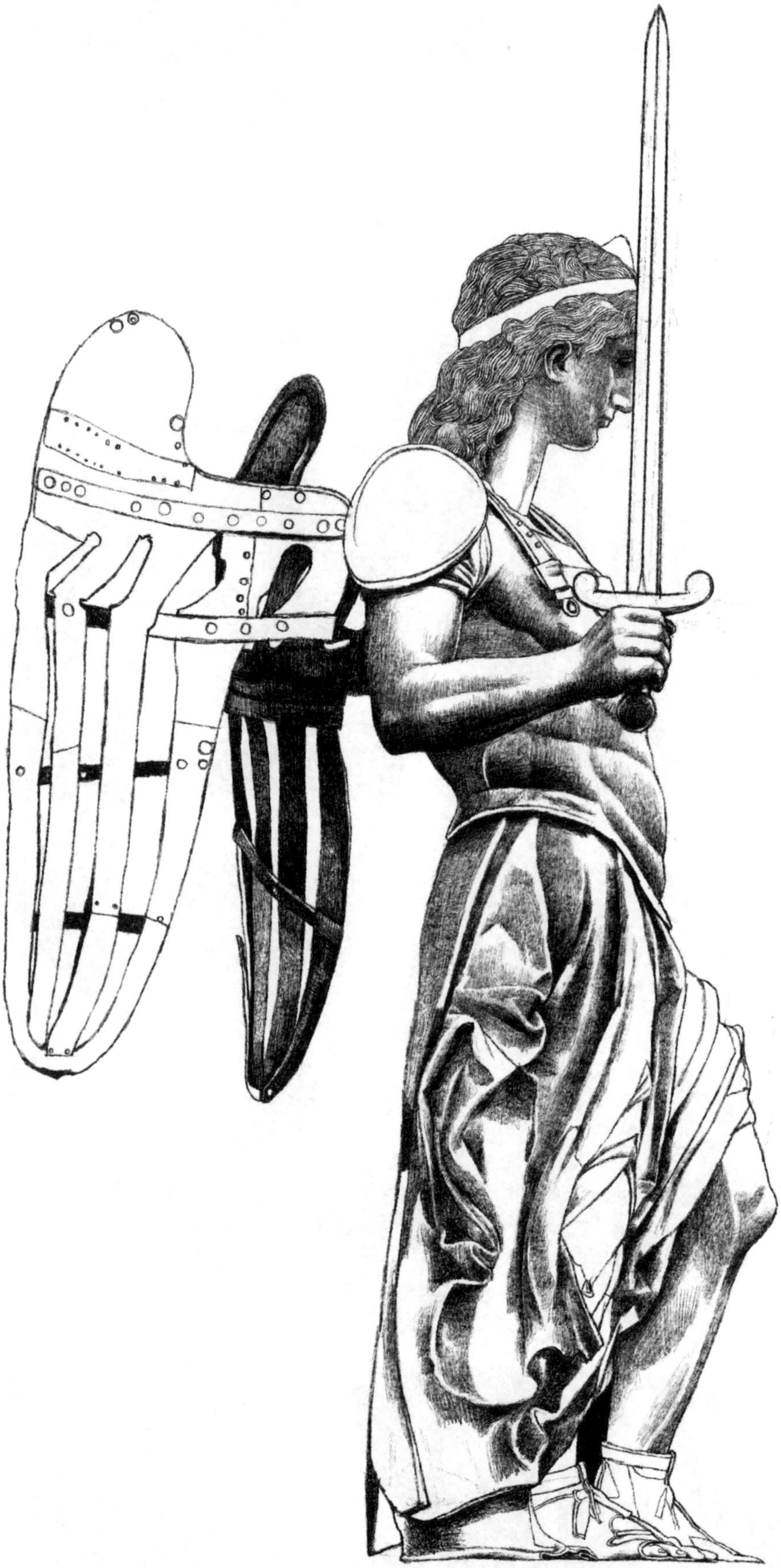

Die Waffen verbauen Auswege. Sie verunendlichen die Gewalt und Gegengewalt. Sie führen in ein endlos verwirrtes Labyrinth, das zu keinem Ziel führt außer zu Tod, Schmerz, Trauer, Leid, Elend, Not, Zerrüttung, Rache, Schuld – ein wahres Reich der Finsternis. Wie ein wahnsinniger Turmbau zu Babel erscheinen die massenhaften Waffen und Waffensysteme dieser Welt, die gegen alles bessere Wissen immer und immer wieder locken mit dem anmaßenden Glauben, irgendetwas Gutes und Förderliches erreichen zu können. Doch sie klingen so süß, diese Versprechen derer, die auf die Waffen setzen: dass eine Hinwendung zu den Waffen der einzig gebotene Weg in eine gute Zukunft sei. Sie locken und brillieren im Reden und Verführen: Vertraut den Waffen, vertraut den Waffen, glaubt es nur: Je größer die Zerstörungsmacht und Tötungseffektivität der eigenen Waffen und Kämpfer, desto sicherer der Sieg, desto glorreicher die Zukunft, desto gefestigter die Freiheit. Sie wollen glauben machen, dass die Abschreckung ein friedvolles und gesichertes Leben bringt. Und sie scheuen sich dabei nicht, dieses in seinen Folgen immer wieder so monströs blutige Programm in die leuchtenden Farben höchster Werte zu kleiden. Wir wenden uns zu den Waffen. – Und die Waffen wenden sich zu uns. Irgendwann offenbaren sie ihre furchtbare Fratze, die lange übertüncht war von den vollmundigen Heilsversprechen. Wer spricht von der unkontrollierbaren Entfesselungsdynamik der Waffen? Wer von dem unendlich hohen Preis des Siegens? Es ist ein viel zu hoher Preis. Wie naiv ist doch der Glaube, Waffen seien wie Medikamente, die nach ihrem Einsatz Heilung und Gesundheit bewirkten? Wie vermessen ist doch die Vorstellung, das Operieren mit tödlicher Zerstörungsmacht wirke nicht irgendwie und irgendwann auf einen selbst zurück? Wie töricht und jahrhundertelang blutig widerlegt ist dieser blinde Glaube an die Waffen ... Es ist und es bleibt so: Der Weg der Waffen und der Kriegslogik ist verheerend ausweglos, brutal, unmenschlich, unkontrollierbar, zerstörerisch und selbstzerstörerisch. Er führt in den Strudel endloser Zerstörung und unbegrenzter Volten der Gewalt – und nicht mehr aus ihnen heraus.

Wie nun, man entlarvte endlich diese Martialität des Bösen und erkennte hinter der glatten Maske das wahre Wesen der Waffen, das letztlich todbringend, friedenverhindernd, endlos verwirrend ist? Es bliebe nur das eine Heilmittel: *»Weg mit dir Satan!«* – eine konsequente Desidentifikation mit den Logiken und Mustern der Gewalt. Eine Ausrichtung auf Gegenbilder und Gegenrealitäten. Ein Aufbruch nach anderswo. Ein Versuch, den Frieden zu leben. Einen Weg bietet die Bibel mit dem Beispiel des Nazareners: Jesus wies die verführerische Logik der Gewalt und Macht konsequent zurück. Er ritt demonstrativ auf einem Esel in Jerusalem ein – entwaffnend waffenlos zog er eine rettende Schneise in die waffenstarre Welt, eröffnete einen Ausweg, zeigte den einzig gangbaren Weg zur Beendigung der Gewalt und zum befriedeten Zusammenleben: Der Gewalt kategorisch abzuschwören, nicht dem Bösen zu widerstehen, die Feinde zu lieben, nicht in die Gegengewalt, sondern in eine Verwandlung der Situation durch andere Muster einzusteigen. Kurz: Endlich ernstzumachen mit dem Frieden, der nicht das Ziel ist, sondern der Weg. Denn das Böse wird nicht mit Bösem überwunden, sondern allein durch Liebe.

Stefan Seidel, geboren 1978, ist Leitender Redakteur bei der evangelischen Wochenzeitung DER SONNTAG in Leipzig.

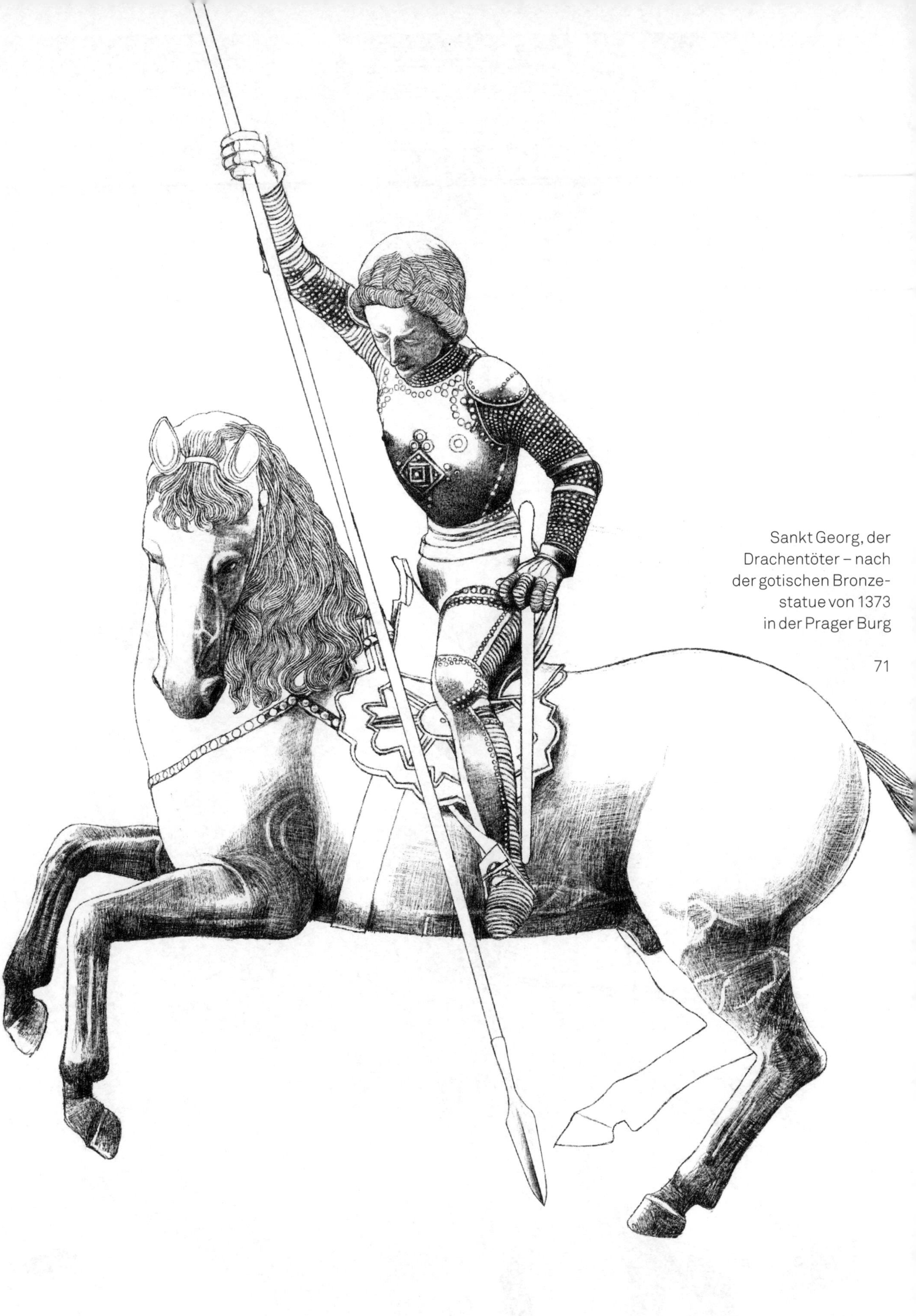

Sankt Georg, der Drachentöter – nach der gotischen Bronzestatue von 1373 in der Prager Burg

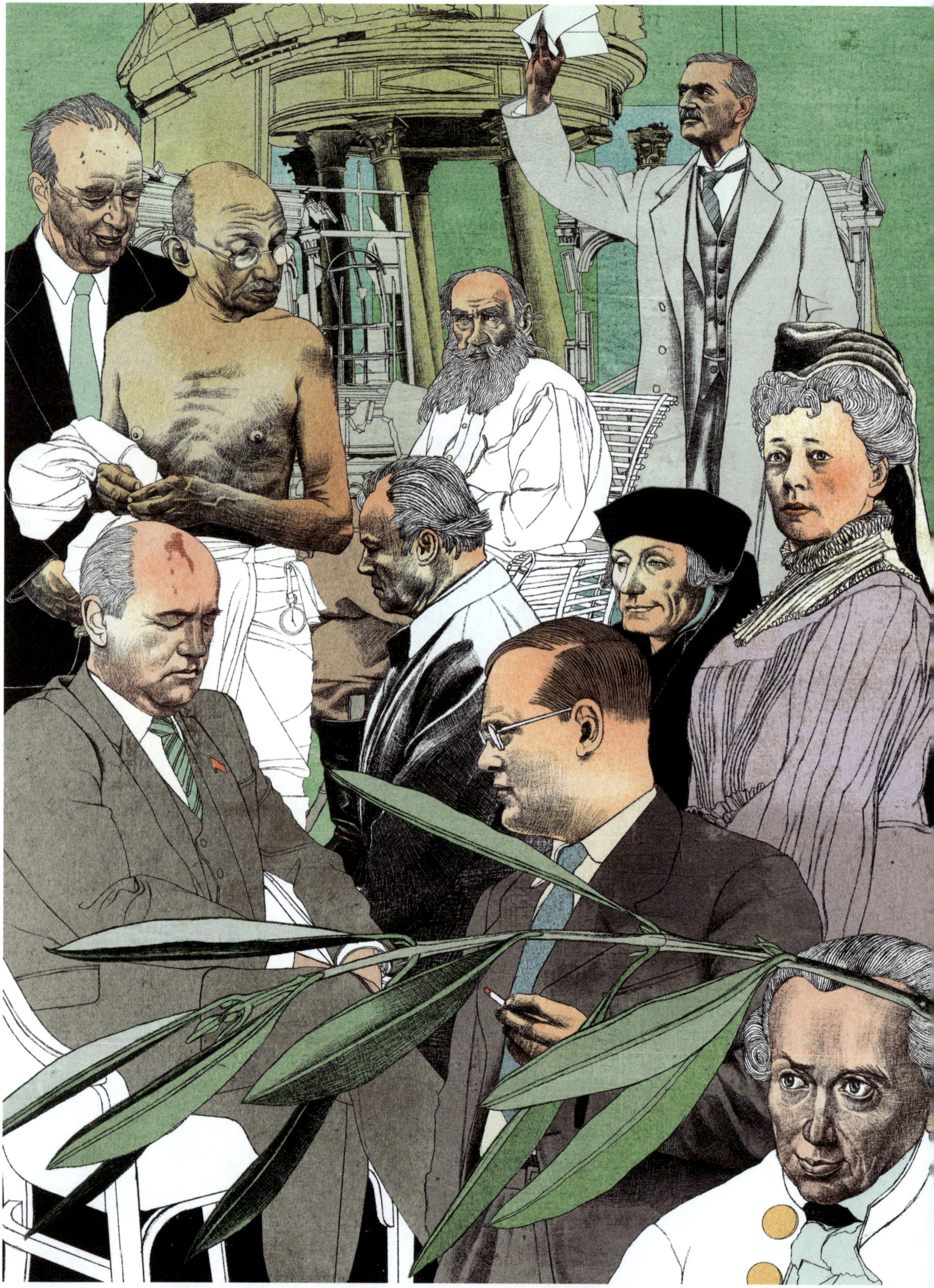

Zeugen des Friedens

Holger Zaborowski

Lange wurde kaum über den Krieg und wenig über Frieden nachgedacht. Angesichts der Zerstörungskraft nuklearer Waffen sprach man noch nicht einmal mehr von einem »gerechten Krieg«. Ein solcher schien gar nicht mehr möglich zu sein. Wenn überhaupt, bezog man sich auf einen »gerechten Frieden«. In Fachkreisen, abseits der breiten Öffentlichkeit, thematisierte man noch hybride oder digitale Formen der Kriegsführung. Für die meisten war jedoch der Krieg zu einer Sache der Vergangenheit geworden. Im Schatten friedlich-freier Zeiten war auch die Friedensbewegung in Vergessenheit geraten. Gelegentlich erzählten angegraute Veteranen noch von ihr, von Protesten und Demos, von Widerstand gegen Aufrüstung und den Träumen einer friedlicheren Welt – so wie andere Veteranen einst vom Krieg erzählt hatten. Nur wenn man den Blick in die Ferne schweifen ließ, stieß man noch auf Kriege. Fern der Heimat. An den Rändern Europas. In Afrika. Im Nahen und im Fernen Osten. In manchen Ländern der ehemaligen Sowjetunion und anderswo. Dort gab es noch kriegerische Auseinandersetzungen. Man stritt darüber, ob man Soldaten schicken sollte oder nicht und was ihre genaue Aufgabe sein könnte. Im Zweifelsfall sollten sie den Frieden sichern. In der Ferne. Aber in Mitteleuropa?

Hier war der Frieden war zu einem Normalzustand geworden. Man hatte sich an ihn gewöhnt. Man genoss die Friedensdividende. Man schaute, wie sich nun zeigt, nicht genau hin. Man war blind für die Gefahren, die sich seit längerem schon zusammengebraut hatten. Man war trunken von Fortschrittsoptimismus, von der Gewissheit, dass dem Wunsch *»Nie wieder Krieg!«* auch die Wirklichkeit entsprechen müsse. Wie hätte es auch anders sein können? Doch wenn der Wunsch Vater des Gedankens ist, bedeutet das nicht, das das Kind ihm treu ergeben ist und treffend die Wirklichkeit beschreibt. Vielleicht ist doch, wie Heraklit vermutet, der Krieg, der *polemos*, der Vater von allem und nicht der Wunsch, wie fromm er auch sein mag?

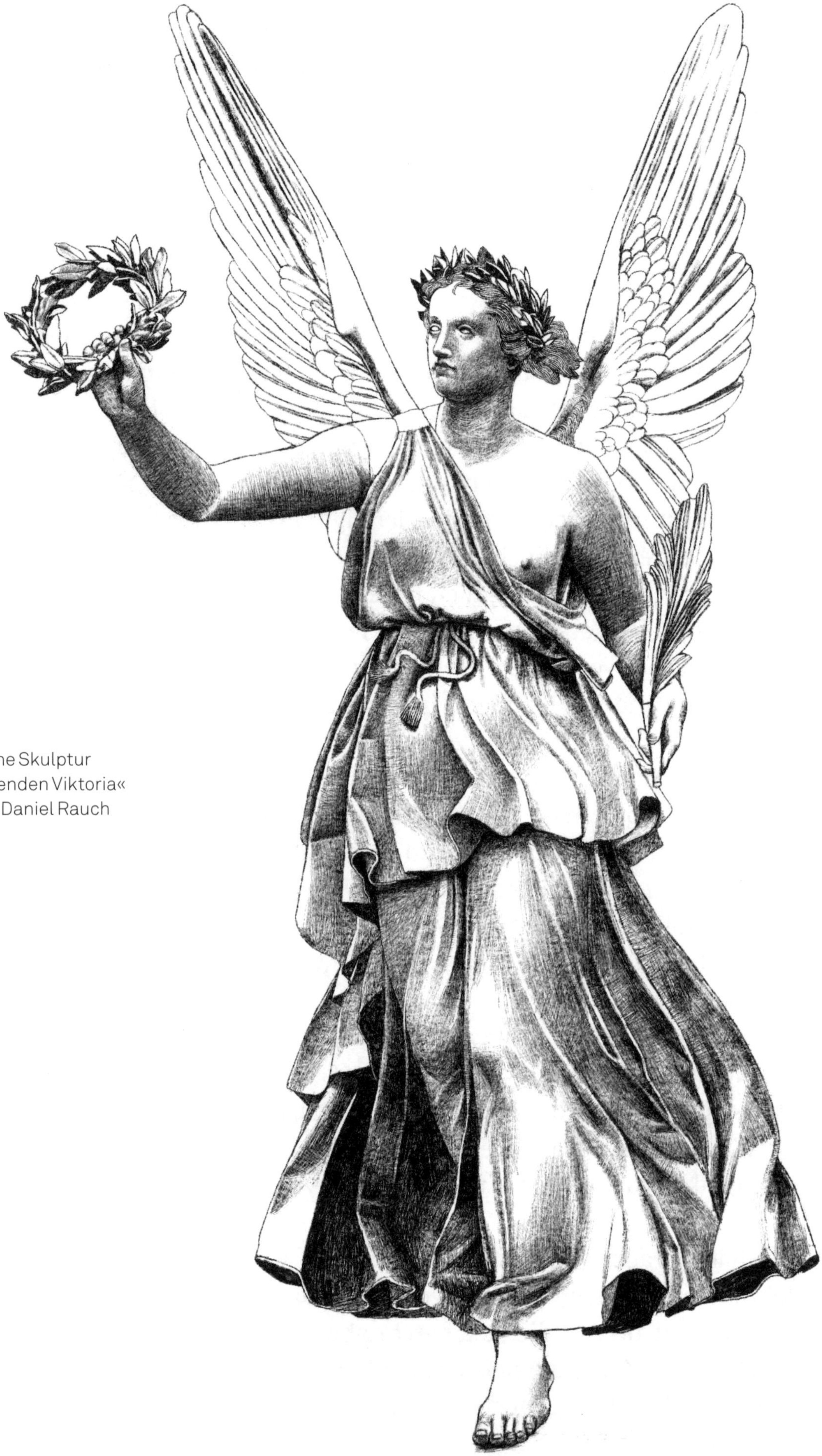

74

Klassizistische Skulptur der »Schwebenden Viktoria« von Christian Daniel Rauch (1777–1857)

Nun ist der Krieg uns – in Deutschland, in Europa, in kriegsentwöhnten Gegenden – wieder nahe gerückt. Sehr nahe. Konkret ist er geworden. Keine abstrakte Gefahr mehr. Mittlerweile – mehr als zwei Jahre nach dem Angriff Russlands auf die Ukraine – sogar ganz alltäglich. Immer noch in den Nachrichten, aber nur noch gelegentlich an erster Stelle. Ein neues Hintergrundrauschen. Ja, in der Ukraine ist Krieg. *»Maikäfer flieg. Der Vater ist im Krieg.«* Alte Schrecken gewinnen neue Aktualität, und mit ihnen alte, längst vergessene, lange verdrängte Bilder: der Soldat, der sein Bein verloren hat. Die Eltern, die um ihre Kinder trauern. Menschen auf der Flucht, in den Augen eine Trauer und Verzweiflung, die man lange nicht gesehen hat. Alte Leute, die nicht glauben können, was sie sehen müssen. Schüler, deren Unterricht immer wieder von Sirenen unterbrochen wird. Ärztinnen, die am Rande der Erschöpfung junge Menschen wieder zusammenflicken, mehr schlecht als recht. Werden sie es noch einmal schaffen? Kriegsversehrte. Auch dieses Wort gewinnt neue Aktualität. Wie andere Worte, die sich aus dem Wortschatz stahlen.

Wiederholt sich die Geschichte doch? Was wird noch kommen? Ist jede Nachkriegszeit nur eine neue Vorkriegszeit? Ist der Frieden nur auf dem Friedhof möglich, eine ewige Ruh', die zu Lebzeiten nicht wirklich werden will? Die Idee des Friedens – nicht mehr als eine Illusion, die durchschaut werden will? Der Pazifismus ein Wahn, köstlich zwar und so beruhigend, doch unrealistisch, naiv, gefährlich gar? *Si vis pacem, para bellum.* Wenn Du Frieden willst, wussten schon die Griechen und Römer (die das ein wenig anders formulierten), bereite den Krieg vor. Als wenn es so einfach wäre. Aber was muss man tun, wenn man sich nach Frieden sehnt? Was kann man tun?

Derzeit wird wieder viel vom Krieg gesprochen. Von Frieden weniger. Als sei es dazu noch zu früh. Denn erst müsse die Ukraine siegen. Vorher müsse Russland vernichtend geschlagen werden. Erst der Lärm des Krieges. Dann können die Waffen schweigen. Dann kann man sich mit dem Frieden beschäftigen. Aber kann man das erst dann? Darf man das erst dann? Ist es dann nicht zu spät? Muss man nicht jetzt schon vom Frieden sprechen? Müsste man nicht, wenn und weil man Frieden will, den Frieden vorbereiten? Hätte man nicht viel länger schon über den Frieden sprechen müssen? Und über welchen Frieden muss man sprechen? Den Frieden, der die bloße Abwesenheit von Krieg ist? Das aber wäre ein weiterer Krieg, ein kalter Krieg im Gewande des Friedens, der jederzeit sich wieder erhitzen kann. Ein Funke nur kann genügen. Kann die Welt in einen neuen, vielleicht endgültigen Abgrund stürzen. Können wir – die Menschheit im Großen und Ganzen, die konkreten Menschen hier und jetzt – uns das leisten? Dürfen wir uns das leisten? Oder ist auch heute schon anders zu sprechen, vom friedlicheren Zeiten vielleicht und von Annäherung und Versöhnung? Aber wie ließe sich vom Frieden sprechen? Es gibt eine Friedensforschung, die über Bedingungen und Möglichkeiten des Friedens nachdenkt. Dieser analytische Blick ist gut und wichtig. Doch letztlich ist der Frieden keine Frage nüchterner Wissenschaft. Frieden lebt wie alles Gute, Wahre, Schöne von Menschen, die sich für ihn einsetzen. Von Menschen, die die Hoffnung nicht verlieren. Die gegen den Trend leben. Die die Hand zur Versöhnung ausstrecken. Die noch Träume haben. Die sich ihre Wünsche und Visionen nicht ausreden lassen. Daher ist der Pazifismus primär kein »-ismus«, keine Lehre oder Ideologie, sondern eine konkrete Lebensweise: ein Leben, das die Verantwortung für andere Menschen ernst nimmt. Ein mit anderen Menschen geteiltes Leben, ein Leben für andere und auch von ihnen her, in der Begegnung und auch in der friedlichen Auseinandersetzung mit ihnen. Ein Leben, das anerkennt,

dass Menschen leben und nicht sterben wollen. Dass alte Menschen nicht an der Zukunft verzweifeln sollen, die sie ihren Nachkommen hinterlassen. Dass Kinder nicht vor ihren Eltern sterben sollen. Dass Liebende ihr Leben nicht in Angst oder lebenslanger Trauer verbringen sollten. Dass Schwarz nicht die Farbe des Lebens ist. So, ja so einfach ist es.

Die Hoffnung auf Frieden mag zu großen Bewegungen führen. Die Sehnsucht nach ihm kann viele ergreifen. Aber zunächst kommt er – anders als der Krieg, der sich, nach einer oft unheimlichen Stille, ganz schnell und mit einem gewaltigen Tamtam erhebt – auf leisen Sohlen. Einzelne Stimmen erheben sich. Sie warnen und mahnen, flehen und bitten, protestieren und legen Zeugnis ab für das, was ihnen gut und richtig erscheint. Anders als die Kriegstreiber können sie nicht so schnell die Massen hinter sich versammeln. Sie können nicht an die so starken, so mächtigen, so negativen Gefühle, an Hass, Wut und Ressentiment, appellieren.

Ihre Kraft ist zarter, zerbrechlicher, zögerlicher. Ihre Stimmen sind persönlicher, individueller, konkreter. Und doch liegt in der Stimme dieser Einzelnen, in den gefährdeten Stimmen von Jitzchak Rabin, Mahatma Gandhi und Leo Tolstoi, von Neville Chamberlain, Willy Brandt und Michail Gorbatschow, von Dietrich Bonhoeffer, Erasmus von Rotterdam, Immanuel Kant, Bertha von Suttner und vielen anderen, eine äußerst machtvolle Hoffnung.

Die Botschaft des Friedens ist nämlich ein zutiefst menschliche. Allen, die diese Botschaft verkündet haben, die sich für sie stark gemacht haben, die sich für sie geopfert haben und für sie gestorben sind, den Menschen ganz unterschiedlicher Herkunft, Religion oder Weltanschauung, Männern und Frauen, gilt Dank und Respekt. Gerade solche Menschen brauchen wir heute. Zeugen von der Kraft der Friedfertigkeit, der Macht der Gewaltlosigkeit, der Stärke der Güte. Sie sind Menschen des Friedens. Sie haben eine Zukunft. Und der Mensch der Zukunft muss genau deshalb ein Mensch des Friedens sein. Denn ansonsten könnte er bald gar nicht mehr sein.

Dr. Dr. Holger Zaborowski, geboren 1974, ist Professor für Philosophie an der Katholisch-Theologischen Fakultät der Universität Erfurt und derzeit Dekan der Fakultät.

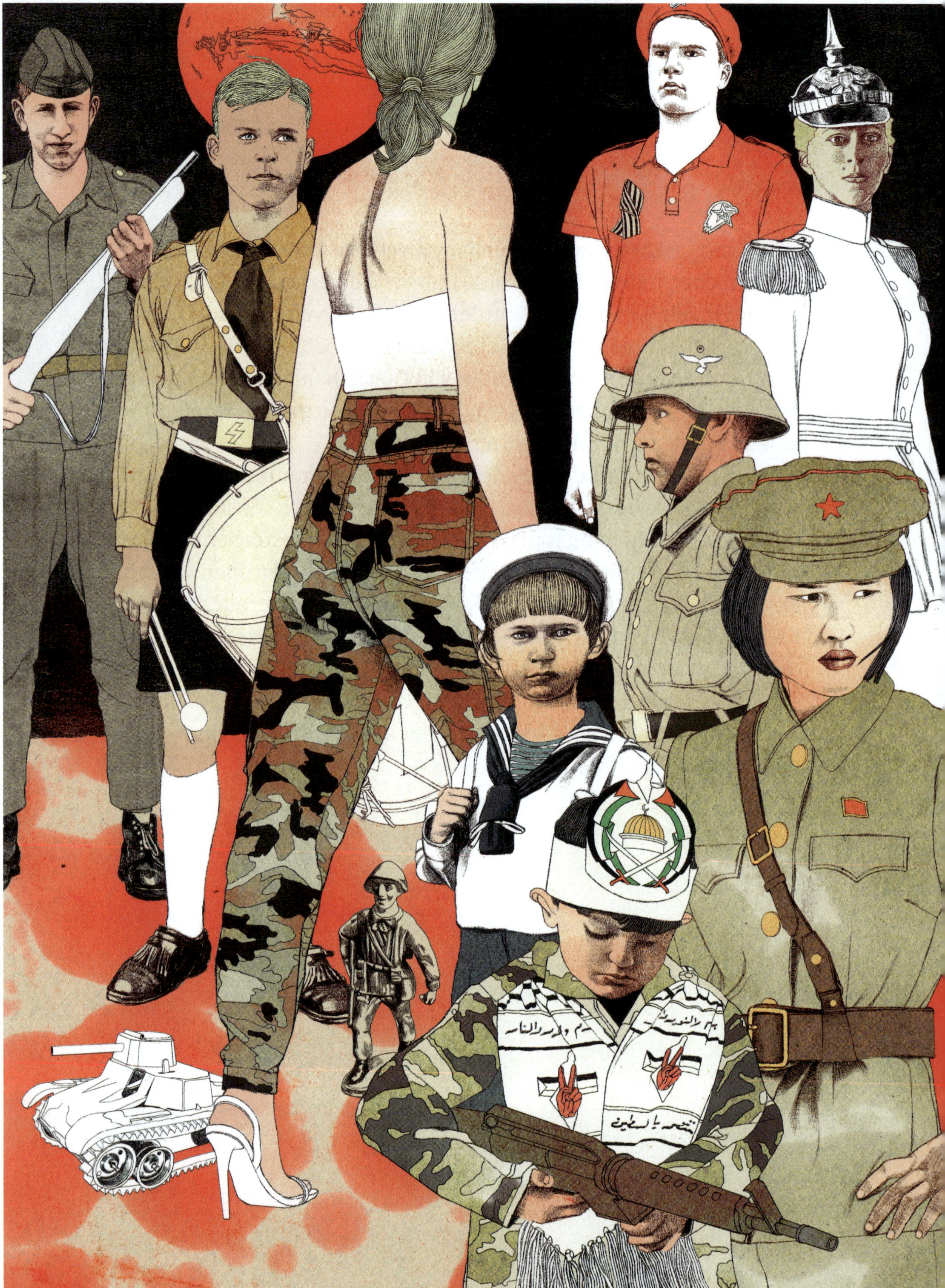

uniform destiny

Jörg Seiler

Zehn dumme Kinderlein, die sich am Krieg erfreu'n:
Hamas-Kind überlebte nicht –
da waren's nur noch neun.

Neun dumme Kinderlein, auch Frau'n mit Waffenmacht:
Doch grimmig schau'n, das reicht noch nicht –
da waren's nur noch acht.

Achtes dummes Kindelein, das wollt' heroisch siegen:
Matrosen-Anzug schützte nicht –
da waren's nur noch sieben.

Sieben dumme Kinderlein, mit Wehrmachtstahlkomplex:
Der Mutter schickte man die Leich' –
da waren's nur noch sechs.

Sechs dumme Kinderlein, der Kaiser warf die Münz':
In Pickelhaube stirbt frau gern –
da waren's nur noch fünf.

Fünf dumme Kinderlein – heroische Manier:
Dem Revoluzzer nützt es nichts –
da waren's nur noch vier.

Vier dumme Kinderlein, modern ist rückenfrei:
Geht stöckelschuhig fort von hier —
da waren's nur noch drei.

Drei dumme Kinderlein, HJ-Arbeit macht frei:
Nur dumm: den Kopfschuß kriegst auch Du —
da waren's nur noch zwei.

Zwei dumme Kinderlein, grenzschützend »das ist mein's«:
Doch wo sie war, ging Leben nicht —
da war es nur noch eins.

So bleibst nur, kleiner Marionettensoldat, Du übrig. Geschnitzt als Positivform mit unsichtbaren Fäden gehalten: fadenscheiniger Befehlsgehorsam. Doch immerhin: als Form, gestaltungsoffen.

Gestaltung 1: pazifistisch uniformen
Gibst Deine Form fürs Negativ Du her, Gerüst zu werden anderen, die Deine Hülle friedlich füllen? Wird ihrer dann die Mehrheit sein? Wofür? Den Frieden gar? Statt Kindersoldaten würden Kindsköpfe dann vielleicht Soldatsein spielen. (Der Wolf bleibt Wolf und doch wohnt er beim Lamm ja nicht verkleidet als des Lammes Lämmchen-Bruder. Was wandelt wann des Wolfes Wolfsein?)

Gestaltung 2: pluriforme Zukunft
Was wird aus Dir? Wem gestehst Du zu, Einspruch zu erheben, wenn verirrt Dein Weg, verwirrt Dein Ziel geworden ist? Welche Hand dürfte öffnen Dir die Uniform, dass, freies Kind, Du atmen, spielen, lachen kannst? Dass Kriegsgeschirr, gelegt an Deinen Körper, eines nur ist, um im Krieg zu schützen Dich, dem Du nie Akteur geworden bist und wirst, und

keines ist, der Lebensbühne Zeit so zu verbringen. Dann legst Du viele Masken und Kostüme an, wirst Rollen-Selbst mal so, mal so. Wie Leben nun mal ist. Mal so. Mal so. Du wirst entdecken, dass Dein nacktes Ich viel mehr als uniformenförmig ist.

Gestaltung 3: neugieren
Ist Dir das aufgefallen, kleiner Marionettensoldat? Nr. 10 schaut gewehrbelastet schamvoll wappenbedrückt nach unten; Nr. 9 schaut verächtlich zur Seite weg; Nr. 8 schaut grimmig am Betrachter knapp vorbei; Nr. 7 schaut erschrocken gar – kurz vor finalem Schuss; Nr. 6 schaut deplatziert wie geisterhaft; Nr. 5 schaut pubertär wie vor dem ersten Liebeszugang, der Nr. 4 ihm hätte sein können; doch der Blick von Nr. 4 trifft wohl das Schwarze nur; Nr. 3 schaut sehnsuchtsvoll die Blonde an, die Nr. 5 recht starr ansieht; und Nr. 2 schaut mit verkniffenen Augen als Feind fixierend seine Welt. Ist das nicht armselig? Uniformer Blickkontakt fängt Ansehen nie ein. Uniformes Ausblicken wird Wegsehen. Doch Du: Nach Neuem sollst Du gieren, Welten sehen und Menschen erkennen, viel Leben durchschauen, Geschichten verstehen und Brücken erbauen.

Pointen:

(1) Was menschlich scheint, ist uniform robotermaschinell.

(2) Krieg ist eine Mode. Krieg ist ein Maß. Kriegsmenschen sind vermessen.

(3) Ungleichartige Gleichform ist besorgniserregend.

(4) *Gürte, du Held, dein Schwert um die Hüfte! Oh, deine Pracht und Hoheit! In deiner Hoheit habe Erfolg, kämpfe für die Wahrheit und für die gebeugte Gerechtigkeit!* (Ps 45,4 f.)

(5) Gleichbekleidung verändert die menschliche Fähigkeit zur Empathie.

(6) Uniform als Modekleidung ist eine Persiflage.

(7) Haltung ist bekleidet. Verhalten kann auch unbekleidet sein.

(8) Nicht-Krieg und Uniformtransformation sind Fortschritt und Weggang.

Dr. Jörg Seiler, geboren 1966, ist Professor für Kirchengeschichte des Mittelalters und der Neuzeit an der Katholisch-Theologischen Fakultät der Universität Erfurt.

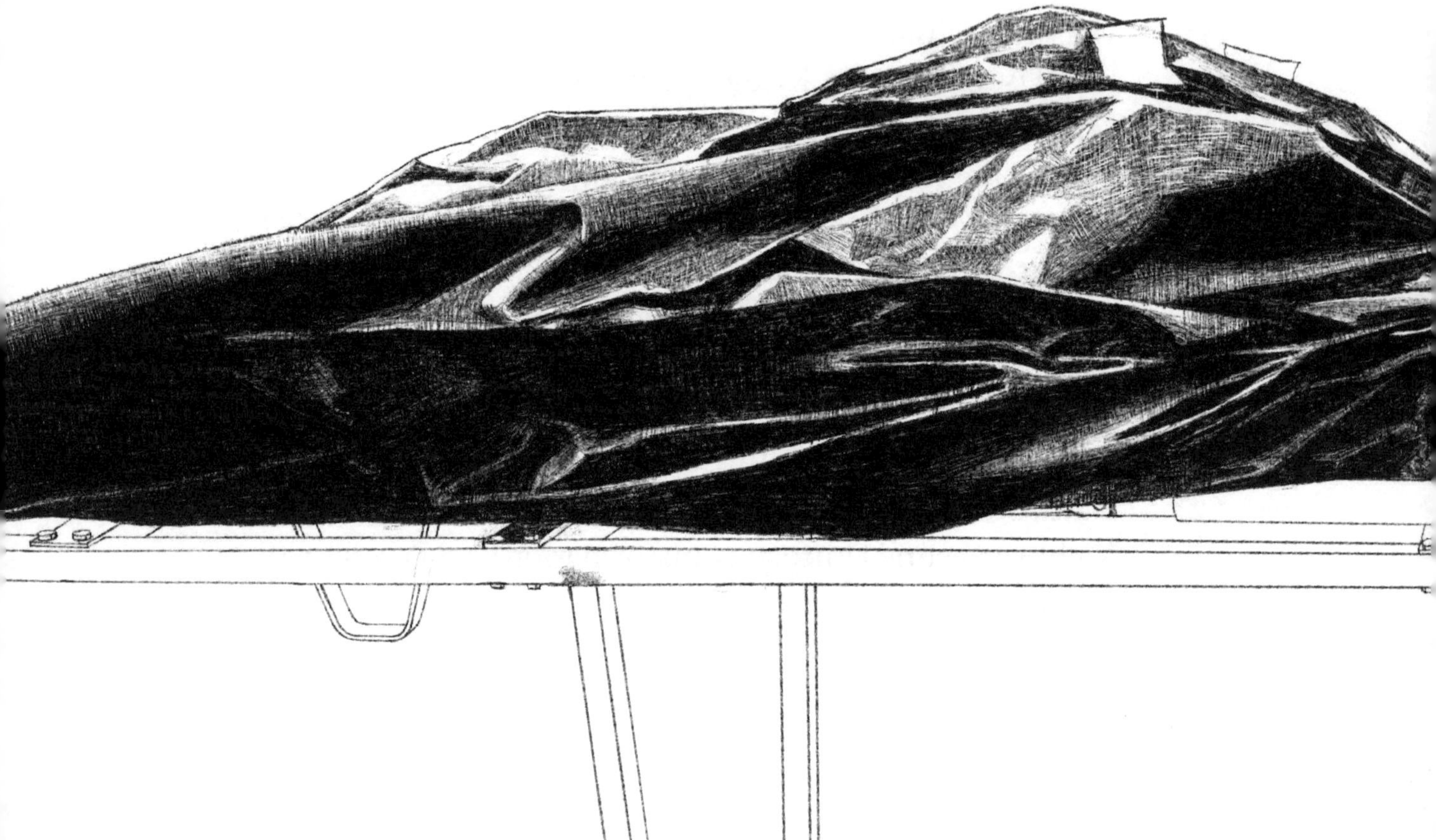

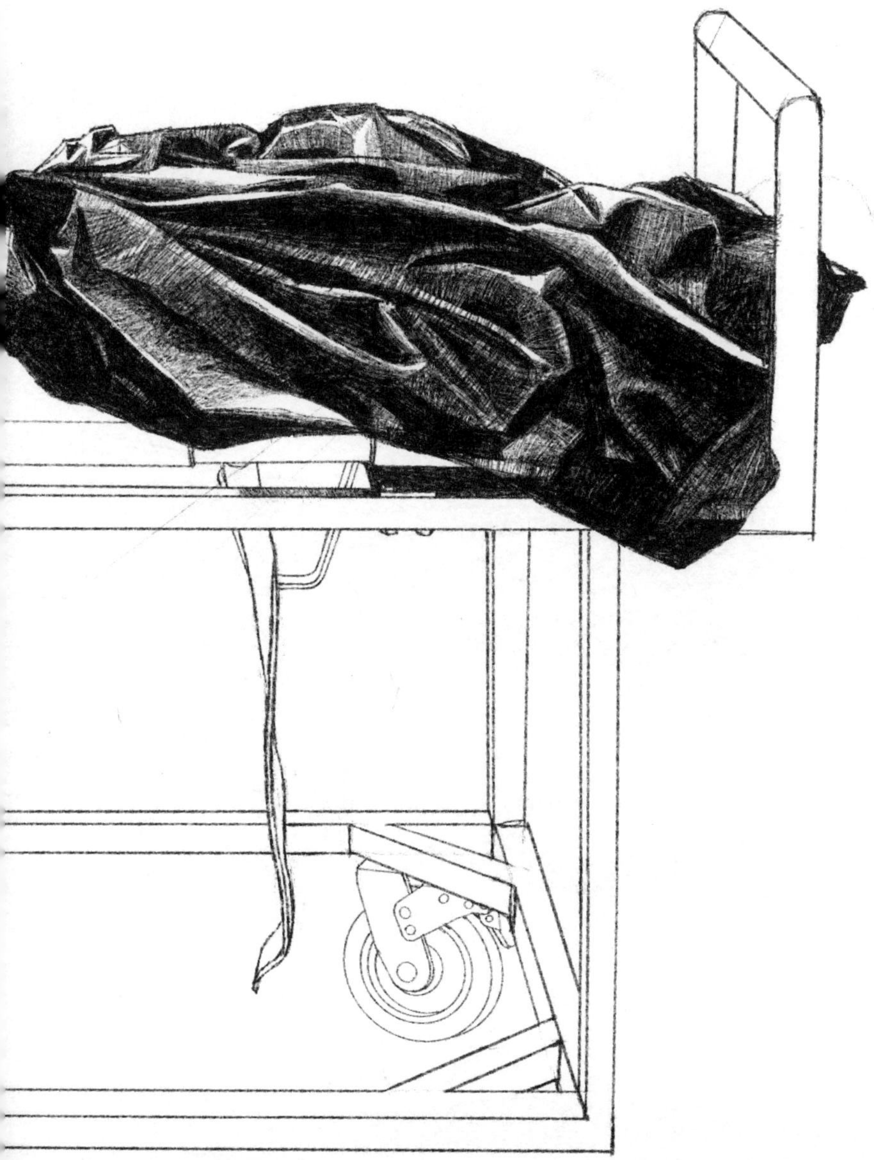

Todesopfer
des Hamas-Überfalls
vom 7. Oktober 2023 im
Nationalen Zentrum für
Forensische Medizin in
Abu Kabir, Israel

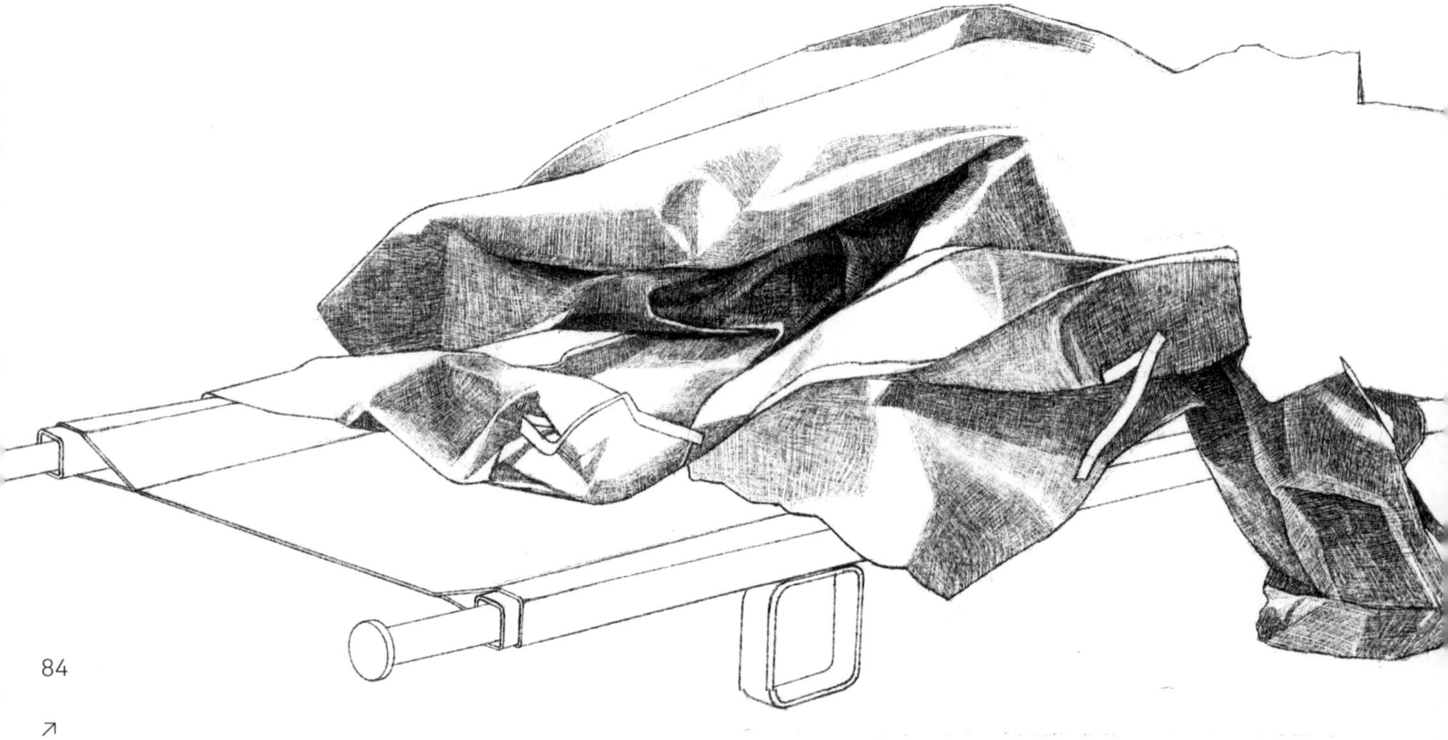

↗
Krankentrage mit einem Opfer des Hamas-Überfalls vom 7. Oktober 2023 in der südisraelischen Stadt Sderot (das Foto, auf das sich diese Zeichnung bezieht, wurde im mittleren Teil verpixelt)

→
Opfer eines Angriffs der israelischen Streitkräfte im nördlichen Gazastreifen – nach einem Pressefoto vom 13. Oktober 2023

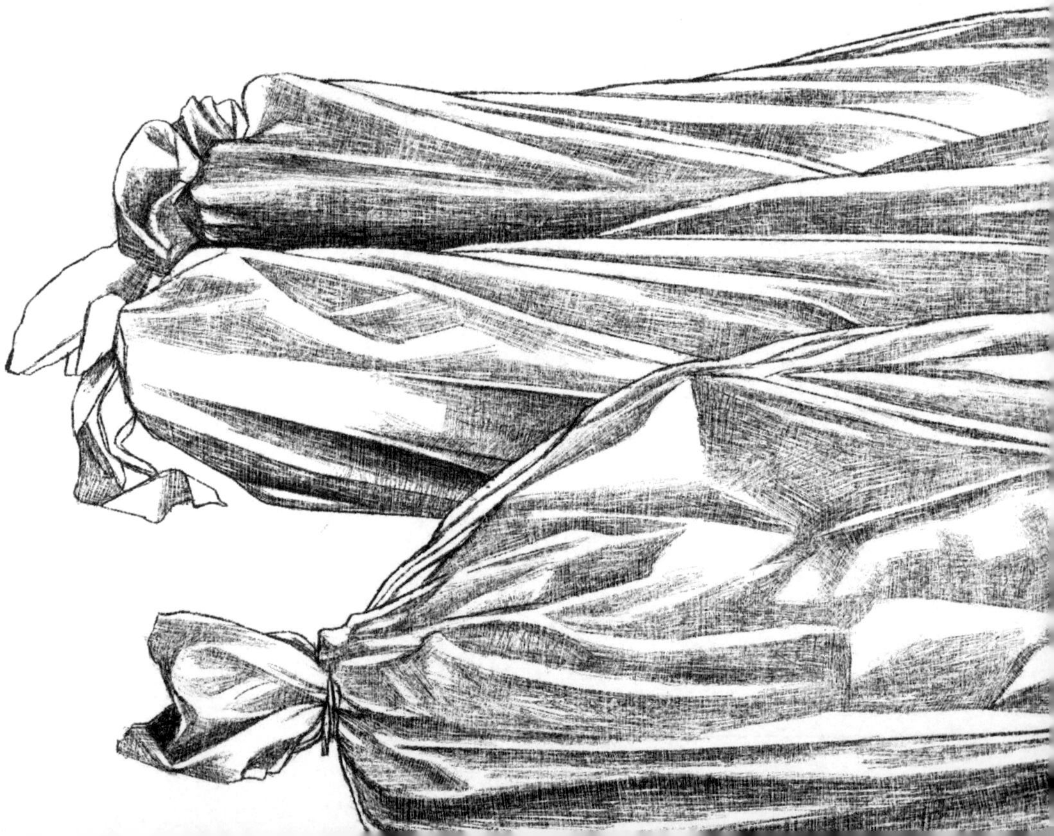

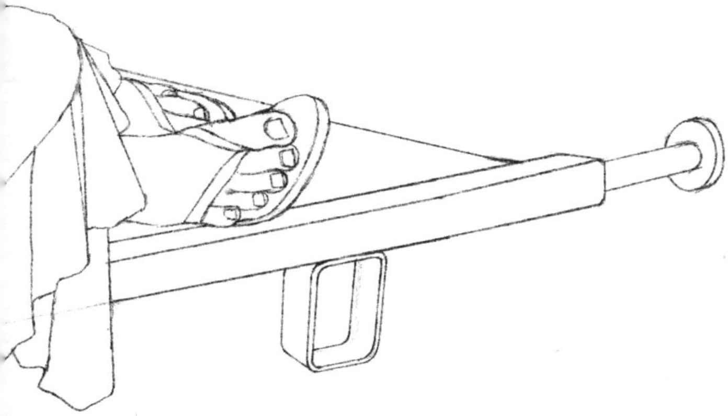

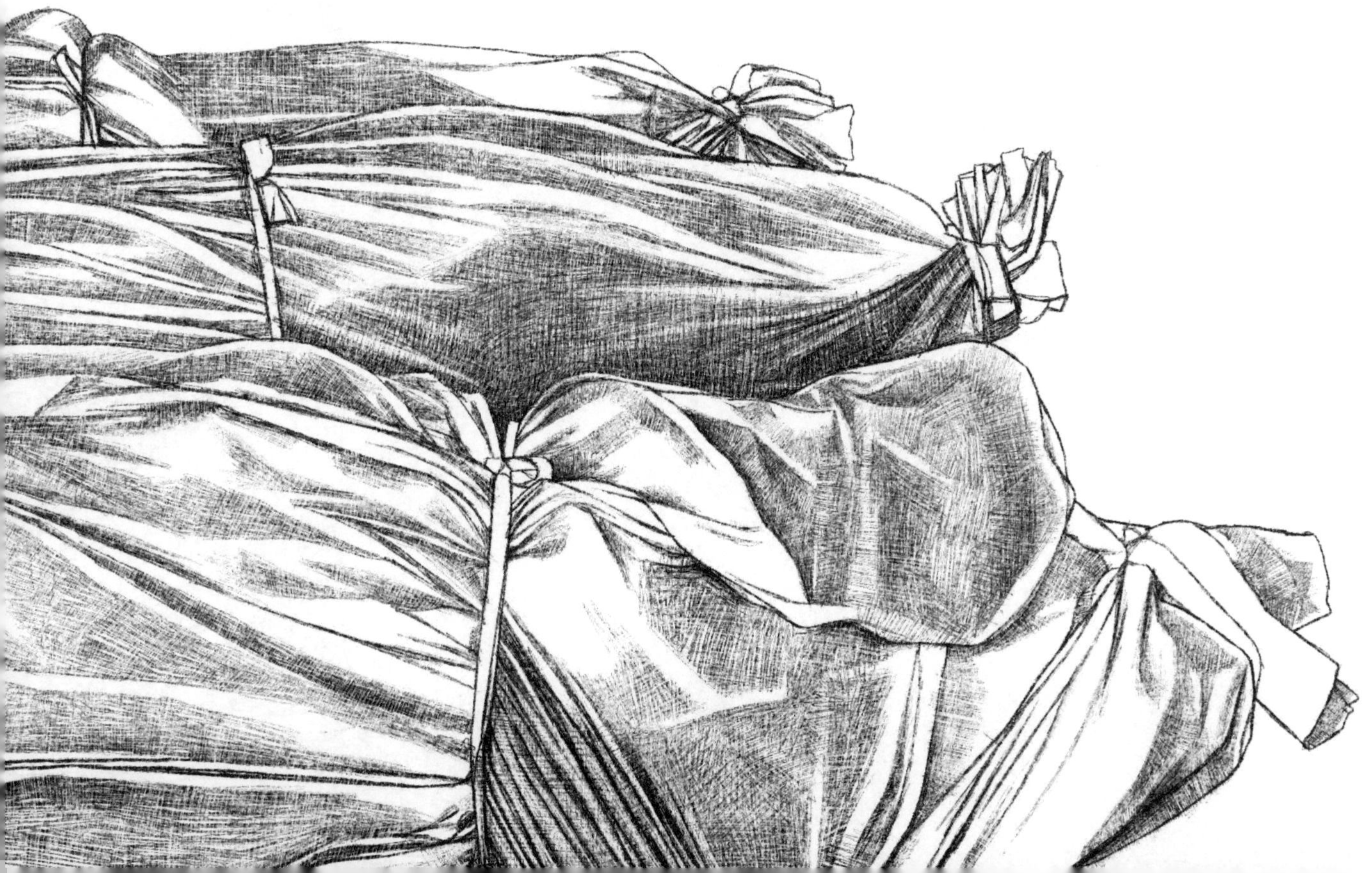

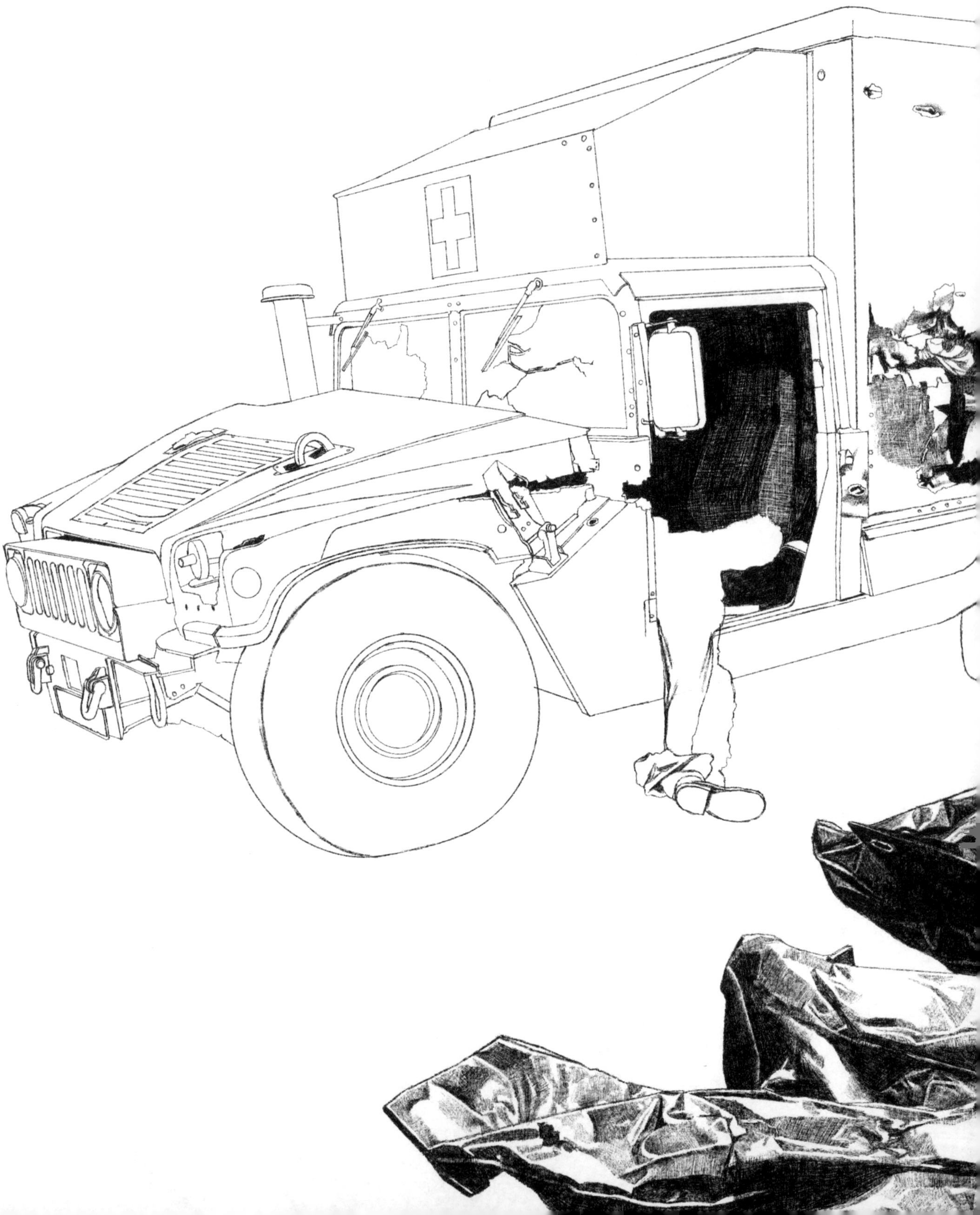

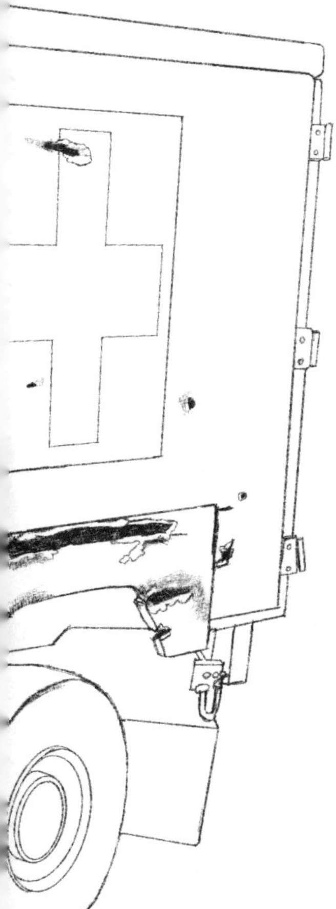

←←
zerstörter ukrainischer
Sanitätskraftwagen
Humvee M997A3
mit getöteter Besatzung

↙
Plastiksäcke mit exhumierten
Toten nach der Entdeckung
von Massengräbern in der
ukrainischen Stadt Butscha
im April 2022

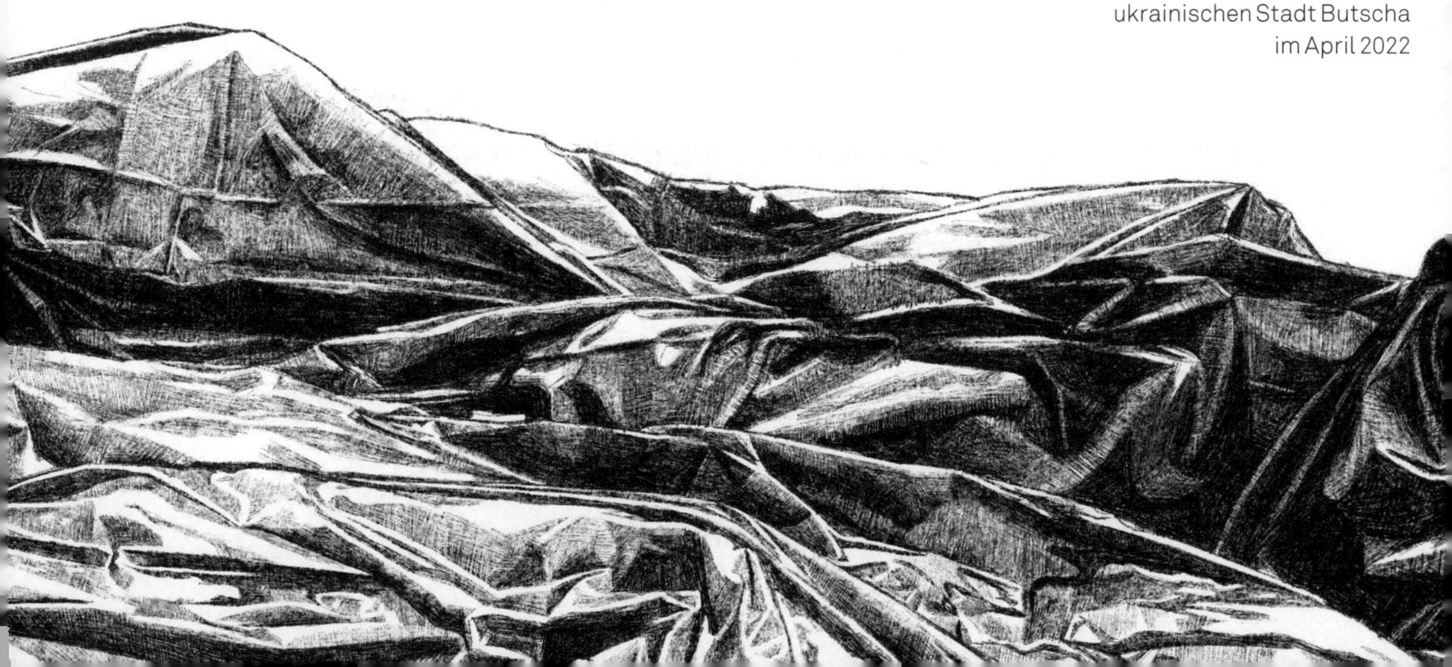

Das Gericht

Tamara Lukasheva

Ein Mann in einem türkisfarbenen Hemd steht vorne, drei weitere im Hintergrund. Leere Bänke im Besprechungsraum. Wer saß dort oder wer könnte dort sitzen? Woran denken diejenigen, die das Bild erstellt haben? Haben sie eigene Gedanken, die nicht sichtbar sind?

Der düstere, gleichgültige Blick eines Mannes, der seinen Job macht. Er kommt pünktlich an, verhält sich, wie ihm gesagt wurde. Er geht pünktlich nach Hause. Dort gibt es etwas zu essen. Vielleicht hat er eine Familie. Vielleicht verbringt er Zeit im Internet, in den sozialen Medien. Er erfüllt eine Funktion. Es spielt für ihn keine Rolle, wer vor Gericht steht. Ob die Person, die verurteilt wird, schuldig ist oder nicht, geht ihn nichts an. In einer Hochburg des Rechts und des öffentlichen Friedens werden keine unnötigen Fragen gestellt. Hier herrschen Ruhe und Ordnung. In der kleinen Kabine leuchtet es rot. Die drei Männer im Hintergrund sehen deutlich mehr, sind aber auch still.

Es gibt zwei Möglichkeiten, den Verlauf des Lebens ruhig und tatenlos beobachten zu können: Entweder schafft man es, in seiner spirituellen Entwicklung die Seele im kosmischen Raum des Universums aufzulösen, und alles wird eins und eins ist alles, oder man verkauft die Seele für einen stabilen Job, um bloß nicht selber denken oder entscheiden zu müssen und um auf gar keinen Fall die doch so unnötige Verantwortung auf den Schultern lasten zu haben. Man tut nur das, was im Vertrag festgelegt ist, an den angegebenen Tagen und innerhalb einer klar begrenzten Zeit. Überstunden nach Vereinbarung.

Die leeren Stühle warten schon lange auf diejenigen, die derzeit über bequemere Sitzmöbel verfügen. Die an der Macht sind. Die Unrecht begehen. Die Leid über Menschen bringen. Wieder und immer wieder. Doch was bringt es wirklich, über sie Recht zu sprechen? Putin steht vor Gericht und geht ins Gefängnis. Und die Welt ist wieder schön und gut? Und Frieden herrscht? Wie oft gab es das schon? Wie oft hat man die ganz Bösen schon hingerichtet? Sie kommen immer wieder nach.

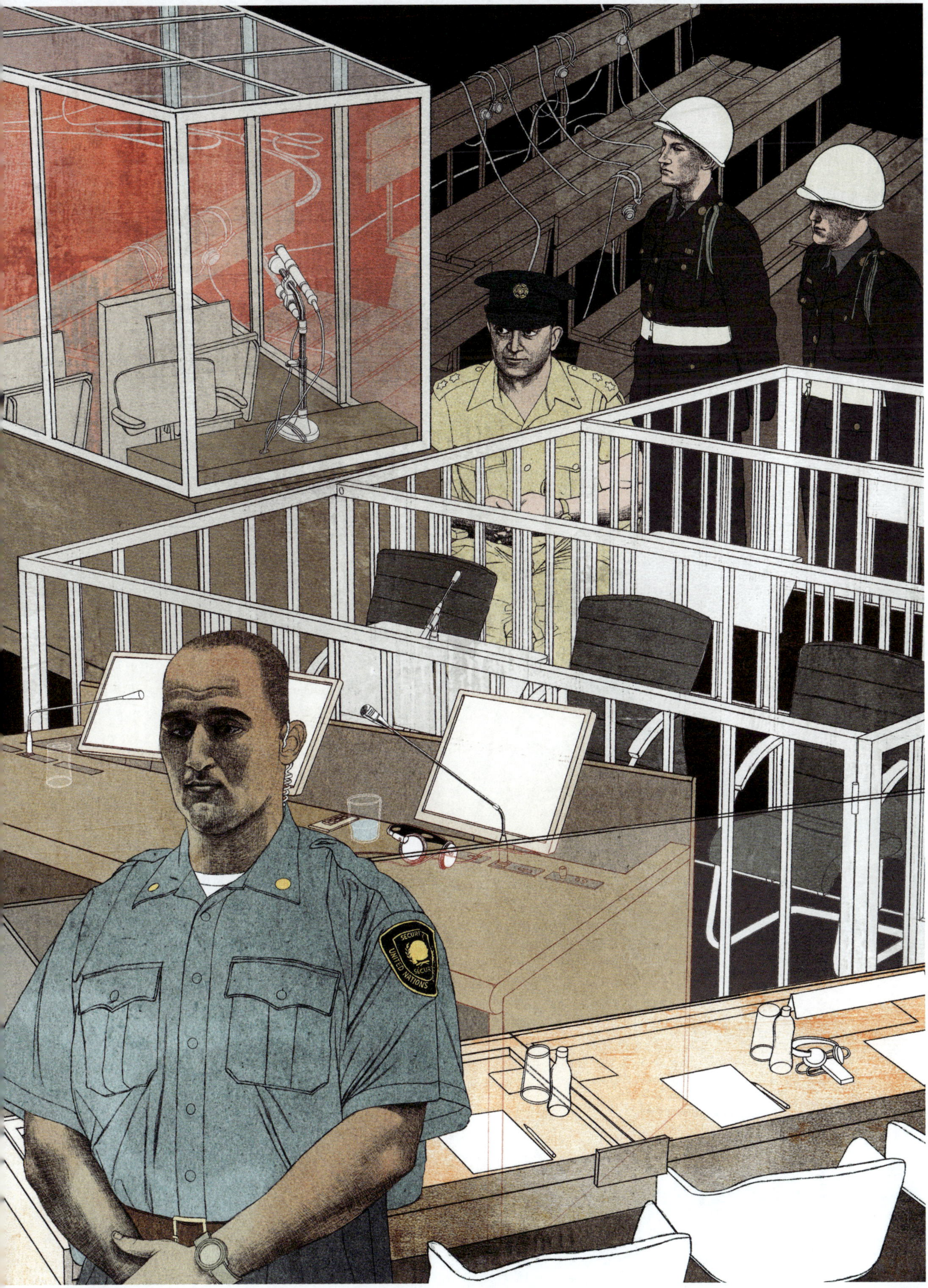
UNITED NATIONS

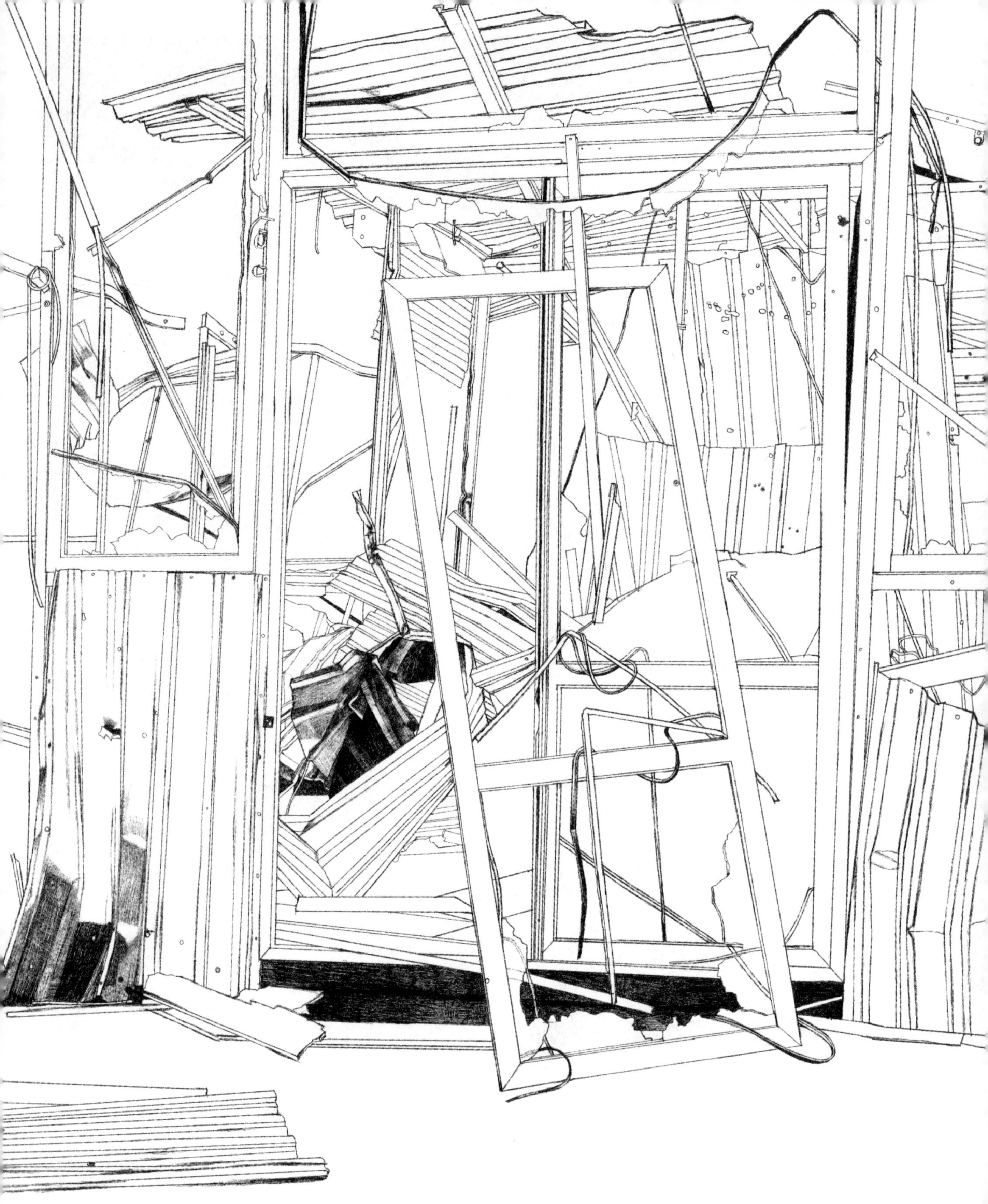

Die Vorstellung, das hier seien die Verbrecher und sie müssen bestraft werden, und dann sei das Problem gelöst, ist ein Märchen für Kinder, an das auch Erwachsene noch gerne glauben. So zu denken und zu handeln, befreit uns alle von jeglicher Verantwortung für das, was geschehen ist. Denn es sind gerade auch die Menschen, die keine unnötigen Fragen stellen, in denen das Böse lauert. Sie lassen das Böse zu. Dass kann jeder von uns sein, und jeder von uns ist manchmal auch ein solcher Mensch, der keine Fragens stellt. Und diese Menschen, ja, wir stehen nie vor Gericht. Sie, wir schieben die Verantwortung von uns ab. Wir haben sie verkauft, um ein ruhiges Leben führen zu können. Und nur diese Menschen, wir sind auf dem Bild zu sehen. Ist das nicht ironisch?

Die, die hier sitzen müssten, irgendwann, verdienen eigentlich keine Aufmerksamkeit. Das wäre nämlich für sie die größte Strafe. Wenn man sie gar nicht mehr beachten würde. Wenn sie nicht mehr interessant wären. Wenn ihre Macht vorbei wäre. Und egal wie sehr sie diese Welt zerstören wollten, es geht weiter. Die Menschen leben, lieben, streiten, schwören und äußern ihre Meinung, passend oder unpassend. Helles, klingendes, fließendes Leben strömt vorwärts, duftet und singt.

Es ist wichtig, den Glauben an die Gerechtigkeit nicht zu verlieren und Recht zu sprechen, sagt Drushba Pankow mit diesem Bild. Aber auch wenn Putin verurteilt wird, wird es weiter Kriege geben. Das ultimative Böse sieht anders aus, als wir es uns in unseren Träumen vorstellen.

Tamara Lukasheva, geboren 1988, ist eine ukrainisch-deutsche Jazzmusikerin und Bandleaderin.

←←
zerstörter Einkaufskiosk
nach einem russischen
Luftangriff in der Ukraine

Reiter (Seite 28) – Zeichnungen nach Propagandafotos von Benito Mussolini (1933), Wladimir Putin (in Tuwa / Südsibirien am 3. August 2009) und Kim Jong Un (auf dem »heiligen Berg« Paektu 2019) \ zwischen ihnen die Prager Bronzestatue des Heiligen Georg \ im Hintergrund Donatellos Gattamelata und das Reiterstandbild Peters des Großen

Opfer (Seite 33) – Michelangelos Pietà mit dem Gesicht einer Ukrainerin, deren Familie im März 2022 an einem russischen Checkpoint getötet wurde \ Leichensäcke in Butscha (April 2022) und in Nord-Gaza (Oktober 2023) \ Opfer des Hamas-Überfalls auf Israel vom 7. Oktober 2023 \ im Hintergrund ein zerstörter Kiosk in der Ukraine

Kreuze (Seite 38) – Panzersperren in Kyjiw, Lwiw und Butscha \ die »Kreuztragung« von Orazio Gentileschi \ ein Betonträger eines zerstörten Krankenhauses in Gaza \ Holzkreuze von Massengräbern in Isium und Butscha \ im Hintergrund ein zerstörter ukrainischer Militärkrankenwagen \ im Vordergrund die Halskette Wladimir Putins

Flügel (Seite 46) – Marmorskulptur des Erzengels Michael von Raffaello da Montelupo \ Friedhofsengel von Hans Hartmann-McLean \ Siegesgöttin Viktoria von Christian Daniel Rauch \ links im Hintergrund eine iranisch-russische Shahed-Drohne \ Taube und Krähen

David (Seite 52) – die David-Skulpturen von Michelangelo Buonarotti und Donatello, stehend auf Überresten russischer Raketen, Marschflugkörper und Drohnen

Männlichkeit (Seite 59) – Zeichnungen nach Fotografien von Wladimir Putin (beim Angeln in Tuwa am 15. August 2007), Mao Zedong (am Strand von Beidaihe 1960), Leonid Breschnew (in Badehose, wohl um 1970), Benito Mussolini (Monte Terminillo am 1. Februar 1937) und Adolf Hitler (in Lederhosen, Ende der 1920er Jahre) \ römische Marmorstatue eines jugendlichen Herkules (zwischen 69 und 96 n. Chr.)

Potenz (Seite 67) – im Vordergrund Wrackteile russischer Raketen \ Hamas-Kämpfer der Qassam-Brigaden \ Qassam-Rakete mit Abschussvorrichtung \ korinthische Statue eines ithyphallischen Satyrs (Silenus, 540–530 v. Chr.) \ Geschützrohr eines Leopard 2 A7V \ Container einer sowjetischen Mittelstreckenrakete RSD-10 (SS-20) \ amerikanischer Marschflugkörper BGM-109 Tomahawk \ russische Kurzstreckenraketen Iskander-M 9M723 \ amerikanische Interkontinentalraketen Titan II, Trident II und LGM-30 Minuteman \ russischer bzw. sowjetischer Mehrfachraketenwerfer BM-30 9A52 Smertsch \ Geschlechterturm Torre degli Asinelli in Bologna

Frieden (Seite 72) – Immanuel Kant \ Dietrich Bonhoeffer \ Michail Gorbatschow \ Bertha von Suttner \ Erasmus von Rotterdam \ Willy Brandt \ Mohandas Karamchand »Mahatma« Gandhi \ Jitzchak Rabin \ Lew Tolstoi \ Neville Chamberlain \ zerstörte orthodoxe Verklärungskathedrale von Odesa

Uniform (Seite 78) – Kind in Gaza mit Gewehrattrappe während einer Parade \ Soldatin in Nordkorea \ Matrosenanzug in Deutschland 1923 \ deutscher Flakhelfer im Zweiten Weltkrieg \ Model mit Camouflage-Hose \ Prinzessin Viktoria von Schaumburg-Lippe (geb. von Preußen, Schwester Wilhelms II.) mit Pickelhaube 1899 \ Uniform der russischen »Nationalen militärpatriotischen sozialen Bewegungs-Organisation ›Junarmija‹« \ Uniform der nationalsozialistischen Hitlerjugend um 1938 \ Uniform der »Gesellschaft für Sport und Technik (GST)«, der »sozialistischen Wehrorganisation der DDR«

Gericht (Seite 89) – Security Officer der UN in Den Haag \ leere Sitze der russischen Delegation beim Internationalen Gerichtshof während des Verfahrens »Ukraine versus Russische Föderation« 2022 \ Tisch von Radovan Karadžić während des Kriegsverbrechertribunals für das ehemalige Jugoslawien (1993–2017) \ eingezäunter Bereich beim Prozess gegen Saddam Hussein und sieben Mitangeklagte in Bagdad 2005–2006 \ Glaskasten und Posten beim Prozess gegen Adolf Eichmann in Jerusalem 1961 \ amerikanische Militärpolizisten und Anklagebank beim Nürnberger Prozess gegen die Hauptkriegsverbrecher 1945–1946

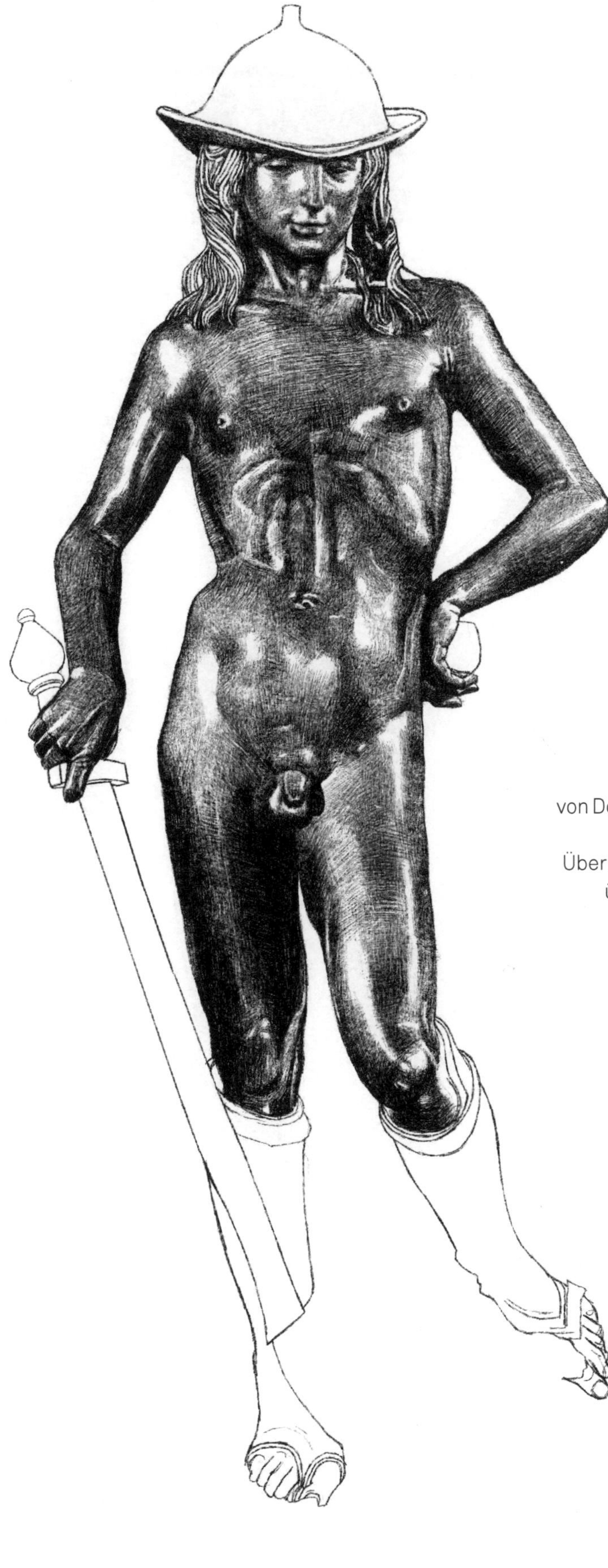

David – nach der Bronze von Donatello (um 1386–1466) in Florenz, Symbol der Überwindung eines scheinbar übermächtigen Tyrannen

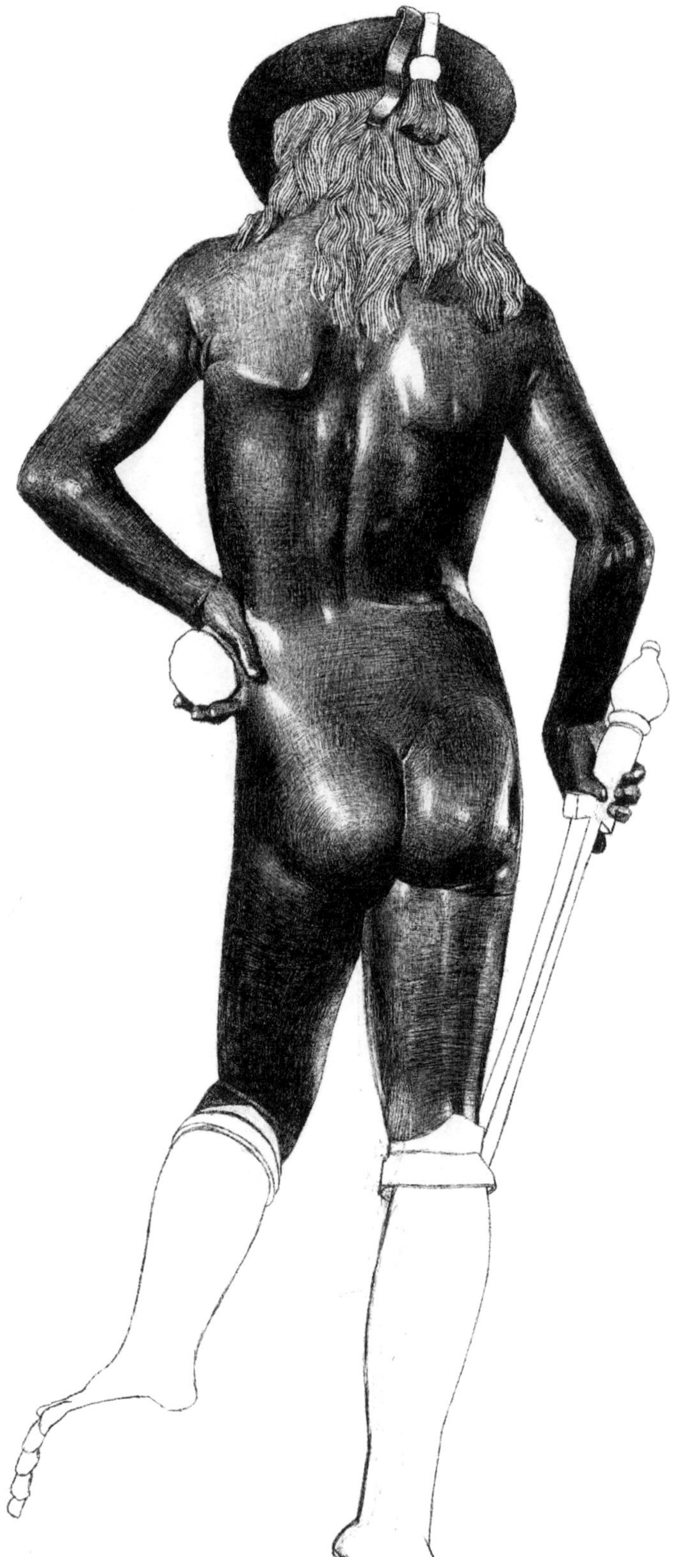

Inhalt

5 Geleitwort von Bischof Dr. Ulrich Neymeyr
6 Geleitwort von Dr. Irme Stetter-Karp
7 Einführung der Herausgeber

8 Holger Zaborowski . . . . Wohlwollen und Versöhnung

22 Martin W. Ramb
Interview mit Drushba Pankow . . . . Wir haben den Krieg nicht direkt bebildert

29 Margot Käßmann . . . . Die Reiter
32 Julia Knop . . . . Opfer
39 Thomas Ruster . . . . Kreuze
47 Martin W. Ramb . . . . Engel
53 Yvonne Dohna Schlobitten . . David ohne Goliath ist kein Held!
58 Joachim Valentin . . . . Männer
66 Stefan Seidel . . . . Aus dem Wahn der Waffen aussteigen
73 Holger Zaborowski . . . . Zeugen des Friedens
79 Jörg Seiler . . . . uniform destiny
88 Tamara Lukasheva . . . . Das Gericht

92 Zu den Illustrationen
96 Impressum

Mit freundlicher
Unterstützung
von:

UNIVERSITÄT ERFURT Katholisch-Theologische Fakultät
DENK BARES
KATHOLISCHE KIRCHE BISTUM LIMBURG
EULENFISCH

Impressum

96 Herausgeber: Martin W. Ramb und Holger Zaborowski
Illustrationen: Alexandra Kardinar und Volker Schlecht (Drushba Pankow)
Buchgestaltung, Satz und Bildunterschriften: Drushba Pankow

Papier: Munken Lynx 90g/m² von Arctic Paper
Schriften: Akkurat von Laurenz Brunner / Lineto 2004 und FF Parable von
Christopher Burke / FontFont 2002

Bibliografische Information der Deutschen Bibliothek:
Die Deutsche Bibliothek verzeichnet diese Publikation in der Deutschen
Nationalbibliografie; detaillierte bibliografische Angaben sind im Internet
unter http://dnb.ddb.de abrufbar.

ISBN: 978-3-8306-8233-2
Druck: Balto Print, Vilnius
Printed in Lithuania